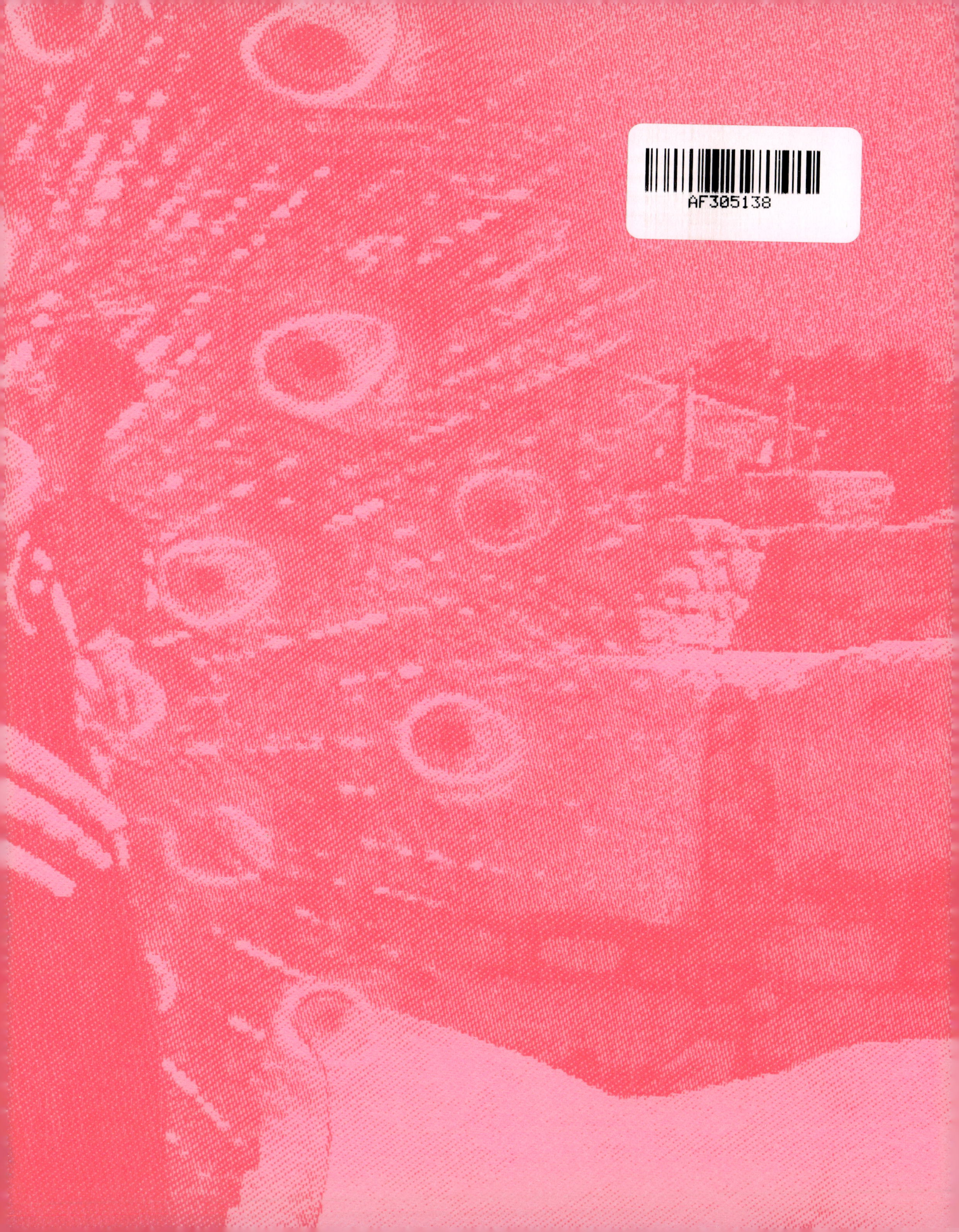
AF305138

BEATE PASSOW | MONKEY BUSINESS

BEATE PASSOW | MONKEY BUSINESS

HERAUSGEGEBEN VON KARL BORROMÄUS MURR

HIRMER

VORWORT

Seit ein paar Jahren schon erprobt Beate Passow, die im Frühjahr 2017 mit dem renommierten Gabriele Münter Preis ausgezeichnet worden ist, ästhetische Strategien, die mit der Sprache des Textilen operieren. So sind ganze Serien von gestickten Bildern entstanden, die photographische Vorlagen in textile Formate übersetzen wie etwa „TRADE MADE" von 2009 oder „WANTED" aus den Jahren 2015 bis 2017. Nimmt TRADE MADE die Kapriolen einer Kunstsammlerin und des entsprechenden Kunstmarktes aufs Korn, verfremden die gestickten Fahndungsplakate auf beunruhigende Weise den alltäglich gewordenen Terrorismus als ein weltweites Phänomen. Die in all diesen Werken so aufschlussreichen Brüche rühren meist aus dem Widerspruch von Inhalt und Form, von politisch ätzendem Kommentar und textiler Beschaulichkeit. Was die genannten Bilder in ihrer ästhetischen Komposition zum Ausdruck bringen, verkörpern die 2017 zusammengestellten Burkabarbies gleichsam als Ready Mades, sind diese „islamistisch" kaschierten Barbiepuppen, die ursprünglich geradezu ikonisch gewordene Spielzeugfiguren der westlichen Konsum- und Lebenskultur darstellen, tatsächlich so in Afghanistan käuflich erhältlich.

All diese künstlerischen Arbeiten sind Anlass genug, auf das textile Œvre von Beate Passow einen genaueren Blick zu richten – eine Aufgabe, die das Staatliche Textil- und Industriemuseum Augsburg (tim) mit einer eigenen Ausstellung gerne übernommen hat. Umso glücklicher der Umstand, dass die Münchner Künstlerin der Einladung des Museums gefolgt ist, neue Werke auf den Webstühlen des tim zu kreieren. In diesem Zusammenhang ist die titelgebende Serie „MONKEY BUSINESS" entstanden, in der Passow ihre künstlerische Sprache erstmals auf Tapisserien übertragen hat.

Dieser Bildserie, die um die äußeren und inneren Abgründe Europas kreist, eignet wie den allermeisten Arbeiten der Künstlerin ein genuin politischer Impuls, der das Passowsche Werk so anregend macht – weil es unserer Gesellschaft einen Spiegel vorhält, der bisweilen konvex und bisweilen konkav ist.

Zu danken ist deshalb der Künstlerin Beate Passow zuallererst, die sich ebenso kritisch wie gelassen und gewitzt auf das Augsburger Ausstellungsvorhaben eingelassen hat. Der weitere Dank gilt Arthur Geh aus dem tim, der die Tapisserien technisch hervorragend umgesetzt hat. Ebenso ist dem Kollegen Ernst Höntze zu danken, der den Aufbau der Ausstellung mit großer Verlässlichkeit verantwortet hat. Für das gelungene Layout des Kataloges zeichnet Felix Weinold verantwortlich, dem ebenso wie Rainer Arnold vom Hirmer Verlag unser Dank für die angenehme Zusammenarbeit gebührt.

So bleibt nur noch zu hoffen, dass die Ausstellung „MONKEY BUSINESS" in der Öffentlichkeit möglichst große Aufmerksamkeit erfahren wird.

Augsburg, November 2017
Karl Borromäus Murr

PREFACE

Beate Passow, who was presented with the renowned Gabriele Münter Prize in the spring of 2017, has been trying aesthetic strategies over the past few years, which operate through the language of textiles. "TRADE MADE" from 2009 and "WANTED" from 2015 until 2017 are exemplary projects from series of embroidered images, translating photographic models into textile formats.

TRADE MADE satirizes the tricky maneuvers of an art collector and respective art market, whereas the embroidered WANTED posters alienate the daily terrorism as a global phenomenon in an unsettling manner. These works reveal an illusive contradiction of content and form, politically etching commentary and gentle textile tranquility. The "Burkabarbies" from 2017 are an assortment of Barbie dolls masked as "islamist", which are available for purchase in Afghanistan. Originally representing the iconic toy figures of the western consumer culture and lifestyle, the "Burkabarbies" as Ready-Mades reflect what the pictures mentioned above express in their aesthetic composition.

The artworks in their entirety give reason enough to closely examine Beate Passow's textile oeuvre – a task, which the State Textile and Industry Museum Augsburg (tim) has gladly taken on by creating this temporary exhibition. Fortunately the Munich artist has followed the tim's invitation to create new exhibits on the in-house weaving looms. Thus the series titled "MONKEY BUSINESS" was created, in which Passow expressed herself artistically on tapestries for the first time. This series of pictures regarding Europe's interior as well as exterior abysses contains a genuine political impulse which is present in the majority of the artist's work. This impulse is what makes Passow's work so stimulating – it holds a mirror, which may be concave or convex, for us as society.

First and foremost my sincere gratitude must go to Beate Passow, for her critical, composed, and ingenious contribution to the planned exhibition in Augsburg. For the excellent production of the tapestries I would like to thank Arthur Geh from the tim. I am furthermore deeply indebted to Ernst Höntze, who displayed great dedication and reliability during the organization of the exhibition. Elsewhere thanks are owed to Felix Weinold, responsible for the well-designed layout of the catalogue, and Rainer Arnold from Hirmer publishing house for the good and smooth cooperation.

So now let's hope the exhibition "MONKEY BUSINESS" enjoys the success it deserves and will reach as wide an audience as possible.

Augsburg, November 2017
Karl Borromäus Murr

Karl Borromäus Murr

MONKEY BUSINESS –
BEATE PASSOWS ÄSTHETISCHE ERKUNDUNG
DER GRENZEN EUROPAS

Unter dem Titel „Monkey Business" hat Beate Passow jüngst einen ebenso reichen wie komplexen Bilderzyklus vorgelegt, der aus fünf großformatigen Arbeiten in Schwarz-Weiß besteht. Ohne Umschweife wird der Betrachter in diese Bilder hineingezogen, die von eigenartigen Tieren, rätselhaften Fabelwesen und mythischen Figuren bevölkert sind. Zum Personal dieser eigentümlichen Menagerie gehören ein Affe, ein Bulle, ein Bär ebenso wie eine Gruppe menschengleicher Füchse, dann ein Pfau, ein Minotaurus, ein Zentaur und schließlich eine venusgleiche junge Frau. Wer die sorgfältig arrangierten Motive, denen offensichtlich Fotos bzw. Fotomontagen zugrunde liegen, in näheren Augenschein nimmt, findet die ungewöhnlichen Protagonisten in leicht zu identifizierenden Orten wieder, die auch in den gewählten Bildtiteln auftauchen. So sitzt der Affe auf einer ausrangierten Kanone auf dem Felsen von Gibraltar, den Blick auf das Mittelmeer gerichtet. Der mächtige Bär, der einen nicht weniger kolossalen Bullen bespringt, ist unweit der New Yorker Wall Street platziert. Die Truppe der Füchse posiert vor dem Brüsseler Atomium für ein Touristenfoto. Der sich die Lippe leckende Minotaurus hat in der Szenerie von Knossos ein Auge auf die vor ihm stehende Frau geworfen, die ihre Nacktheit zu bedecken versucht. Auf dem letzten Bild der Serie begegnet ein Zentaur, der über zerstörte Flüchtlingsboote in Lampedusa schreitet.

Diese geografischen Zuweisungen, hinter denen sich symbolische Ordnungen verbergen, geben einen Hinweis darauf, worum es Passow in ihrem Bilderzyklus vordringlich zu tun ist. Die Münchner Künstlerin erkundet darin die politischen Abgründe des gegenwärtigen Europa, das auf verschiedenen Ebenen zutiefst erschüttert und aus den Fugen geraten erscheint. Dabei rückt jedes der fünf Bilder eine andere Dimension der Erschütterung europäischer Politik in den Mittelpunkt. Hier lohnt ein genauer Blick auf die fünf einzelnen Bildsujets, die allesamt reiche Assoziationen wecken.

Gibraltar

So kommt der Betrachter nicht umhin, den Affen auf dem Felsen von Gibraltar als einen Wächter Europas zu interpretieren, der ein Auge auf die Grenze zwischen diesem Kontinent und Afrika wirft. Dass dieser Wächter auf einem Kanonenrohr hockt, das aufs Mittelmeer weist, deutet auf das martialisch-aggressive Abwehrverhalten hin, mit dem Europa seine Grenzen in Zeiten der Grenzschutzagentur Frontex bewacht. Dahinter verbergen sich nicht selten nationalistisch geführte Diskurse um die Außengrenzen eines Kontinents, der sich systematisch vor Einwanderung aus Afrika sowie dem Nahen und Mittleren Osten abschottet. An der Demarkationslinie der Kontinente wird mithin besonders deutlich, dass es gerade Europa an einer gemeinsamen, von globaler Verantwortung geprägten Vision gebricht.

Damit ist zugleich ein struktureller Konnex berührt, der nach den historischen Wurzeln des europäischen Kolonialismus fragt, der doch die kolonisierten Länder Afrikas, Asiens und Amerikas teils über Jahrhunderte hinweg ausgebeutet hat. Die zynische volkswirtschaftliche Gleichung lautet dahingehend, dass – mit Blick auf Afrika – der notorische Wohlstand Europas gerade auf Kosten der ökonomischen, politischen und gesellschaftlichen Entwicklung der Kolonialgebiete erwirtschaftet wurde. Und trotz aller Dekolonisierung haben die ehemaligen Kolonialherren noch heute ihre Finger tief im Spiel vor allem der afrikanischen Politik. Während mithin die ökonomische Globalisierung das Kapital grenzenlos fließen lässt, scheitert die Freizügigkeit der Menschen an der Festung Europas, das an seinen Grenzen unzählige Wachtposten zur Abwehr von Migranten aus den ehemaligen Kolonien errichtet hat. Selbst wenn man den angedeuteten historisch-kausalen Zusammenhang gering achtet, bleibt die Frage nach der humanitären Verantwortung für die desolaten Folgen zum Beispiel eines Arabischen Frühlings, der vom Westen auf verschiedensten Ebenen kräftig befeuert wurde.

Was für Europa in seiner Abschottungspolitik auf dem Spiel steht, macht Passow ebenfalls deutlich, indem sie den alerten Affen über eine lagunengleiche, touristische Idylle wachen lässt, die, von Segelbooten und Yachten durchzogen, vom geschäftig erworbenen Reichtum Europas mehr als eine Ahnung vermittelt.

Passows Gibraltar-Bild erlaubt jedoch noch eine weitere Deutung, wenn man den fraglichen Affen, der doch aufreizend gleichmütig erscheint, in einem anderen Licht betrachtet. Ist es am Ende weniger eine zugespitzte Aggression als vielmehr eine politische Indifferenz, der das Schicksal der aus Europa Ausgeschlossenen schlichtweg gleichgültig ist? Stellt sich der Kontinent blind gegenüber den offensichtlichen Herausforderungen globaler Migrationsströme? Dass die ins Bild gesetzte Kanone ob ihres Alters obsolet wirkt und deshalb eher als historistisches Dekor denn als wirksame Waffe erscheint, lässt den Schluss zu, dass Europa zumindest die treffenden Instrumente oder zeitgemäßen Strategien fehlen, den Kontinent gegen die gewaltigen Herausforderungen der Gegenwart zu wappnen.

Spätestens an dieser Stelle wird klar: Der Affe hält wie ein klassisches Fabeltier Europa den Spiegel vor, er entlarvt die politische Haltung der manischen Grenzsicherung als einzige Narretei („Monkey Business"), die nur dazu angetan ist, von der eigenen Verantwortung abzulenken – eine Verantwortung, die im vorliegenden Zusammenhang nur lauten kann, human zu handeln.

Auf eine letzte Pointe von Passows Gibraltar-Bild sei noch hingewiesen. Bei dem fraglichen Affen als dem entscheidenden Protagonisten des Bildes handelt es sich um die Spezies des Berberaffen. Schon der Name verweist auf eine nordafrikanische Herkunft wie es auch faktisch die tatsächliche Population auf Gibraltar tut. War diese Spezies mit der arabischen Herrschaft wohl schon im Mittelalter auf die iberische Halbinsel gelangt, ließ zuletzt Winston Churchill die vom Aussterben bedrohte Population Gibraltars mit Tieren aus Marokko auffrischen. Der britische Premierminister versuchte damit, den Mythos aufrechtzuerhalten, dass Gibraltar solange eine Domäne des Vereinigten Königreiches bleibe, solange die Tiere dort überlebten. In dieser Hinsicht erscheint Passows Affe als ein Hinweis auf den dialektischen Zusammenhang, dass Migration immer schon die Geschicke Europas mitgeprägt hat – eines Kontinents, dessen Grenzen bei näherer Betrachtung geographisch, politisch und auch kulturell ausfransen.

Der in Mexiko ansässige belgische Künstler Francis Alÿs hat in seinem vielschichtigen, aus dem Jahr 2008 stammenden Projekt „Don't Cross the Bridge before You Get to the River", das er an der Meerenge von Gibraltar inszeniert hat, die Abschottung Europas gleichsam aufgehoben. Diese eindringliche filmische Arbeit zeigt Kinder und Jugendliche, die sich sowohl von spanischer als auch von marokkanischer Seite mit Spielzeugbooten in der Hand auf den Weg zur jeweils anderen Seite ihrer Kontinente machen und so eine menschliche Brücke über eine unmenschliche Kluft schlagen.

Lampedusa

Mit dem Bild „Lampedusa" setzt Passow ihre Erkundung der Grenzen Europas fort. Ist die Arbeit „Gibraltar" noch von einer trügerischen Idylle bestimmt, zeigt das Werk „Lampedusa" bereits ein verstörendes Ergebnis der Flüchtlingskatastrophe der letzten Jahre: zerstörte Boote von Menschen, die von Nordafrika über das Mittelmeer nach Europa zu gelangen suchten. Die Künstlerin erspart dem Betrachter den konkreten Anblick von ertrunkenen Menschen, von Leichensäcken. Die gewaltsam zertrümmerten Kähne, die den Eindruck eines Bootsfriedhofs erwecken, sind jedoch sprechend genug. Sie wecken Assoziationen von Flüchtlingsschicksalen, in denen Menschen ihr Leben aufs Spiel von Schleusern setzen, unvorstellbare Entbehrungen ertragen und dabei den Tod wie in einer mortalen Lotterie in Kauf nehmen. In diesem Zusammenhang erscheint jegliche Menschlichkeit aus dem Passowschen Bild gedrängt. Die geschehene Katastrophe schiebt die vorhandene Zivilisation, wie sie in der menschlichen Besiedlung am Horizont noch aufscheint, in den Bildhintergrund, damit in unerreichbare Ferne. Den Bildmittelpunkt nimmt dagegen ein unheimlicher Protagonist ein, der sich erst bei eingehender Betrachtung zu erkennen gibt. Es handelt sich um einen Zentauren, der nicht mehr aus Fleisch und Blut, sondern nur noch aus einem Skelett besteht. Stehen Zentauren symbolisch für vitale Lebenskraft oder für instinktive Triebnatur, erscheint die Passowsche Spezies nur noch als mythischer Sensenmann, die auch äußerlich jegliche Menschlichkeit eingebüßt hat. Wie der Schnitter Tod stolziert der skelettierte Zentaur über sein zerstörerisches Werk hinweg, dem er sich – seine Knochen den Bootstrümmern ähnelnd – auch phänomenologisch anverwandelt hat. Der Tod kommandiert hier eine Flotte der vernichteten Boote, die auf furchtbare Schicksale verweisen. Es ist allerdings kein Fliegender Holländer, der nach Erlösung sucht, sondern ein Täter, dessen mythologische Herkunft ihn als Europäer ausweist. Mit der Wahl des im Mythos triebhaft-aggressiven Zentauren konterkariert Passow das Ideal Europas als eines lichten Hortes der Aufklärung und der Menschenrechte mit der Schattenseite, die in Rücksichtslosigkeit, Gewaltbereitschaft und Brutalität besteht. So verkörpert der Zentaur die dunkle Dialektik der Aufklärung, die sich auf Lampedusa als dem äußersten Rand Europas in ihr antizivilisatorisches Gegenteil gewendet hat.

Passow zeigt Lampedusa, das einst als touristische Attraktion galt, als eine negative Heterotopie, die im Sinne Michel Foucaults die Ordnung der Welt in ihrer radikal verkehrten Form zur Anschauung bringt. Die Zerstörung oder auch Versenkung von zahlreichen Flüchtlingsbooten bildet einen zynischen Bestandteil der Strategie europäischer Flüchtlingspolitik. Die Tausende von ertrunkenen Flüchtlingen der letzten Jahre zeugen vom weitgehenden Versagen einer europäischen Einwanderungspolitik, die nicht in der Lage ist, sichere Wege und Verfahren zum Erreichen des vermeintlich so verheißungsvollen Kontinents zu garantieren. Hannah Arendt hat in ihrer Schrift „Elemente und Ursprünge totaler Herrschaft" den entrechteten Flüchtling als einen besonders prekären Sozialtypus bestimmt, den unter anderem „Weltlosigkeit" und „stumme Individualität" charakterisiere. Ein Flüchtling sei nur mehr, so Arendt, ein „lebender Leichnam", der außer seinem physischen Leben beinahe alles entbehrt: vom Beruf über die Sprache und die Kultur bis hin zum Gefühlshaushalt.

Die Philosophie ist ansonsten relativ stumm geblieben, was die theoretische Einholung des Phänomens der Flucht anbelangt. Der französische Philosoph Jacques Derrida hat in seiner Schrift „Das andere Kap" (1991/92) noch am konsequentesten über die eigentümliche Dialektik der Ränder Europas in ihrer Bedeutung für dessen Identität nachgedacht – eine Dialektik, die insbesondere auch das Thema Flucht berührt. Derrida, der selbst als Sohn einer jüdischen Familie an der maghrebinischen Küste Algeriens geboren worden ist, entwirft in „Das andere Kap", das aus der Perspektive Europas auf das jenseitige Ufer dieses Kontinents verweist, das Bild eines sich öffnenden Europas, das sich von seinen Grenzen, von seiner Peripherie her denkt und versteht. Dieses neue Europa, dessen Kultur – so Derrida – niemals mit sich identisch ist, wäre ein Kontinent, der das Andere seiner selbst als bestimmenden Teil seines Selbstverständnisses in sich aufnimmt, indem er sich nicht mehr abschließt. Derrida wendet sich damit vor allem gegen ein hegemonistisches Europa, das allein im universal agierenden Ökonomismus und Monetarismus aufgeht, aber bei der Migration von Menschen aus anderen Weltteilen auf Abschließen und Abschottung setzt. Der Philosoph ist sich jedoch der ungemein ambivalenten Dynamik Europas in der Vergangenheit bewusst, das unentwegt über seine Grenzen hinaus vorstieß, „um hervorzuholen und hervorzubringen, um zu verführen und zu lenken, um sich auszubreiten und zu kultivieren, um zu lieben und zu vergewaltigen - das Vergewaltigen liebend -, um zu kolonisieren und selbst besiedelt zu werden." Passows Lampedusa-Bild teilt nicht die optimistische Zukunftsvision Derridas, der freilich vor den jüngsten Migrationsbewegungen verstorben ist, sondern schließt mit ihrem Werk „Lampedusa" eher an dessen Kritik an der düsteren Kolonialvergangenheit Europas an. Die Münchner Künstlerin zeigt vielmehr eine Grenze Europas, die über ihre abschließende geographische Dimension hinaus eine Grenze zwischen Leben und Tod, zwischen Humanität und Barbarei darstellt. Mit Derrida würde Passow indes übereinstimmen, dass Europas – abschottender oder gastfreundlicher – Umgang mit seiner äußersten Peripherie nicht nur das Los von zahlreichen Menschenleben, sondern auch sein innerstes Selbstverständnis von Politik und Kultur bestimmt.

Wall Street

In ihrem Bild „Wall Street" thematisiert Passow eine weitere Grenzdimension Europas, auch wenn Bildtitel und Sujet in die Vereinigten Staaten weisen. Die Künstlerin lässt darin einen mächtigen Bären den sogenannten „Charging Bull" des italienischen Bildhauers Arturo Di Modica besteigen, der diese monumentale Plastik im Dezember 1989 für einen Tag direkt vor der New Yorker Börse platzierte, von wo aus sie dann dauerhaft in den nahen Bowling Green Park versetzt wurde. Der angriffslustige Bulle wirkt mit einer Länge von sechs Metern, einer Höhe von fast dreieinhalb Metern und einem Gewicht von dreieinhalb Tonnen schon in seinen schieren Ausmaßen kolossal. Für die Finanzwelt symbolisiert der Bulle, den Di Modica selbst als „Zeichen des Optimismus und der Stärke" verstanden wissen will, klassischer Weise steigende Börsenkurse (Hausse) im Gegensatz zum Bären, der für fallende Aktienmärkte (Baisse) steht. Man spricht deshalb auch vom Bullen- und Bärenmarkt. Bekannt ist die künstlerische Bearbeitung des Sujets Bulle und Bär auf dem Börsenplatz in Frankfurt am Main, die Reinhard Dachlauer 1985 geschaffen hat.

Nun lässt sich die Passowsche Konstellation mit dem Bären, der den Bullen von hinten bespringt, in verschiedenerlei Richtungen lesen. Die schlichteste Lesart bestünde darin, dass die Baisse immer wieder die Hausse unterdrückt und in ihr Gegenteil verkehrt. Treffender erscheint jedoch die Interpretation, die Szene als einen Kommentar zum allgegenwärtigen Kapitalismus als der „schicksalsvollsten Macht unseres modernen Lebens" (Max Weber) zu verstehen. Seit Ronald Reagan und Margaret Thatcher in den 1980er Jahren die Finanzmärkte dereguliert und damit entfesselt haben, sind dem Neoliberalismus, der auf private Profitmaximierung und -akkumulation zielt, kaum mehr wirksame Grenzen gesetzt. Jedenfalls ist der Siegeszug des alternativlos scheinenden Neoliberalismus von einer so durchschlagenden Macht, dass er sowohl eine „Krise des Wohlfahrtsstaates" und zugleich eine „Erschöpfung utopischer Energien" (Jürgen Haber-

mas) nach sich gezogen hat. In der Logik des Kapitalismus, wie sie Passow vor Augen führt, mag man in dem Bären zudem die negative Dimension des modernen Finanzmarkts sehen, der etwa in komplexen Hedgefonds oder Derivaten eine paradoxe Wertschöpfung leistet, indem er auf Abwertungen von Währungen oder Börsenkursen setzt. Passow verleiht der so virtuellen Dimension des internationalen Finanzhandels eine aggressive oder auch brutale Gestalt, wenn sich der ebenso wollüstige wie gierige Bär über den Bullen hermacht. Der Kapitalismus in seiner ebenso fruchtbaren wie obszönen Dynamik! Selbst die so katastrophalen Finanz- und Wirtschaftskrisen der jüngeren Zeit tun der so libidinösen Begierde nach Kapitalvermehrung keinen Abbruch.

Wenn sich der biologische Vorgang der Kopulation darauf richtet, neues Leben zu zeugen, was in der metaphorischen Übertragung auf Passows Bild bedeutet, neue Gewinne zu erzielen, dann läuft der Begattungsversuch des Bären in mehrfacher Weise in die Irre. Zunächst handelt es sich unübersehbar um verschiedene Tierspezies, die doch untereinander nicht fortpflanzungsfähig sind. Sodann muss der Begattungsversuch des Bären auch deshalb fehlschlagen, weil der Bulle doch augenscheinlich aus leblosem und zugleich artifiziellem Material besteht. In seiner sexuellen Verirrung läuft der Bär sogar Gefahr, sich letztlich selbst zu verletzen, wenn er sich an dem in Bronze gegossenen Bullen abarbeitet. Und schließlich handelt es sich bei den beiden Tieren offensichtlich um zwei Männchen, was der Fruchtbarkeit des Unternehmens ebenfalls eine natürliche Grenze setzt.

Ob Passow mit dem männlichen Stelldichein auch eine Genderdimension der Finanzmärkte kritisch thematisiert? Demnach würde sich ihre Arbeit „Wall Street" gegen einen Chauvinismus des Börsengeschehens richten, das bis heute klar männerdominiert ist. Dieser Vorwurf lässt sich allein schon an die monumentale Plastik des „Charging Bull" richten, wie es das seit März 2017 vor ihm platzierte „Fearless Girl" tut, diese von Kirsten Visbal geschaffene Skulptur eines kleinen, furchtlosen Mädchens, das den aggressionsgeladenen Bullen auch geschlechtertechnisch herausfordert. Der eindimensionalen Steigerung von Tauschwerten im Sinne der Börsenpapiere, die längst keine Papiere mehr sind, widersetzen sich sowohl Visbals „Fearless Girl" als auch Passows Bullen-Bären-Paar.

Eine weitere Deutungsmöglichkeit von Passows „Wall Street" erweitert die angeklungene Kapitalismuskritik um eine politische Dimension. Denn betrachtet man den Bären als den russischen Bären, verwandelt sich dessen Kampf gegen den Bullen in ein Rodeo der Supermächte. Der russische Bär scheint dabei massiv den amerikanischen Bullen zu sabotieren – im wieder erstarkten „Kalten Krieg" um globale Hegemonie in Ökonomie und Politik, ein Krieg, der in den vergangenen Jahren zunehmend mit den Mitteln der Informationstechnologie ausgetragen wird.

Schließlich eignet der Passowschen Auseinandersetzung des Bullen mit dem Bären eine drastische Monumentalität, die alles Menschliche dagegen in den kleinen Maßstab rückt und zur Seite drängt. Derweil ist es angesichts ungehemmter Marktmechanismen notwendiger denn je, „Kritik an der Selbstentwertung, Selbstentmächtigung und Selbstzerstörung der Gesellschaft im Kapitalismus" zu üben, wie es etwa Klaus Dörre, Stephan Lessenich und Hartmut Rosa tun.

Im Sinne der Kritik von Passows Bildserie stellt der Kapitalismus ein transkontinentales Phänomen dar, das Nordamerika und Europa gleichermaßen betrifft. In letzterem Kontinent tritt der prinzipiell alles vereinnahmende Ökonomismus vielleicht umso greller hervor, als sich Europa doch als Geburtsstätte und Vorreiter universaler Werte wie Freiheit, Gleichheit und Brüderlichkeit versteht – Werte, die ein globaler Kapitalismus, dieser universale Beförderer von sozialer Ungleichheit, allenthalben korrumpiert.

Knossos

Mit ihrem Bild „Knossos" führt Passow den Betrachter sodann auf die Insel Kreta als eine Wiege Europas. Denn Homer zufolge regierte in mythischer Vorzeit in Knossos König Minos, ein Sohn von Zeus und der Europa. Indem Minos jedoch Poseidon hinterging, verschuldete er, dass sich seine Frau Pasiphaë mit einem göttlichen Stier einließ, mit dem diese den berüchtigten Minotaurus, ein menschenfressendes Ungeheuer, zeugte. Passow zeigt dieses, mit menschlichem Körper und Stierkopf ausgestattete Wesen in ungeniert liegender Position, das sich geradezu lüstern die Zunge leckt. Stand der mythische Minotaurus lange Zeit für Animalität, Aggression und Wollust – Dimensionen, die

noch Pablo Picasso wiederholt zur Darstellung brachte –, so interpretiert ihn die jüngere Rezeptionsgeschichte – wie etwa Friedrich Dürrenmatt in einer Ballade von 1985 – als orientierungslose Figur der Moderne, die verzweifelt versucht, ein Mensch zu sein. Hieran schließt der Passowsche Minotaurus an, der selbstverliebt nach Anerkennung sucht, die er sich von der vor ihm posierenden jungen Frau erhofft. Vor ihm steht die eva- oder venusgleiche Frau, die ihre Blöße mit einem Pfau zu kaschieren sucht – eine Geste, die symbolisch zunächst ihre Unschuld unterstreicht. Aber auch sie bietet ein Zungenspiel, das sich in all ihrer Sinnlichkeit selbst zu genießen scheint. Von Minotaurus hingegen nimmt sie kaum Notiz.

Welche europäische Disposition der Gegenwart nimmt Passow mit dem von ihr vor der Kulisse von Knossos drapierten Paar in den Blick? Zunächst fällt auf, dass Minotaurus und Venus als Verkörperung von Mann und Frau mehr oder weniger nackt auftreten, was die Szene unverkennbar in einen erotischen Zusammenhang rückt. Die Figur des Minotaurus wirkt so, als versuchte sie zumindest im Ansatz, die Frau vor ihr in den Bann zu ziehen, eine zwischenmenschliche Relation herzustellen. Aber in seiner saturierten Trägheit gelangt das Mensch-Tier-Wesen letztlich über eine obszöne Zungengeste kaum hinaus. Die venusgleiche Figur im Bildvordergrund scheint sich von Anbeginn selbst genug, sie wirkt, als versuche sie gerade, genussreich mit der Zunge einen Regentropfen aufzufangen. Zärtlich umfängt sie zudem den phallusartigen Pfauenhals vor ihr, als ob sie – beide Geschlechter symbiotisch in sich vereinigend – ihre sexuelle Befriedigung selbst in die Hand nähme. Passow präsentiert letztlich kein romantisches Paar, das der wechselseitigen Verführungskraft erliegt, sondern vielmehr zwei selbstgefällige Wesen, die in ihrem Individualismus gefangen sind. Der Minotaurus ist darob sogar zu Stein erstarrt. Das Frauenwesen geht in seiner Eitelkeit ganz in sich selbst auf. Und die Ruinen von Knossos bieten auch keine anregende Landschaft für ein fruchtbares Liebesspiel, sondern deuten vielmehr auf eine Tradition in Trümmern, die wie eine Bühnenkulisse den Auftritt der beiden selbstverliebten Protagonisten noch artifizieller erscheinen lässt.

*Rechts: **Knossos,** 2017, Tapisserie, Details*

Right: Knossos, 2017, Tapestry, Details

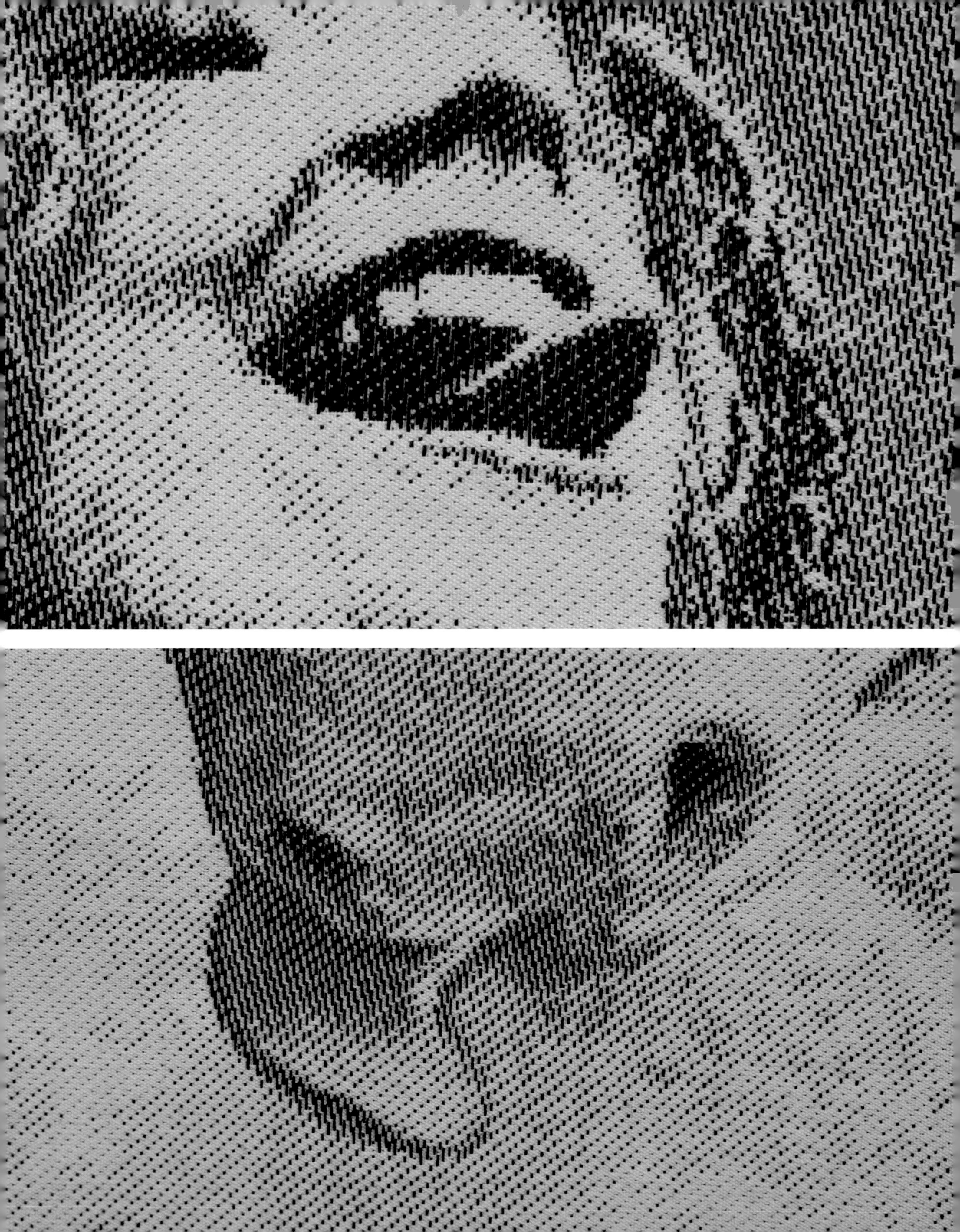

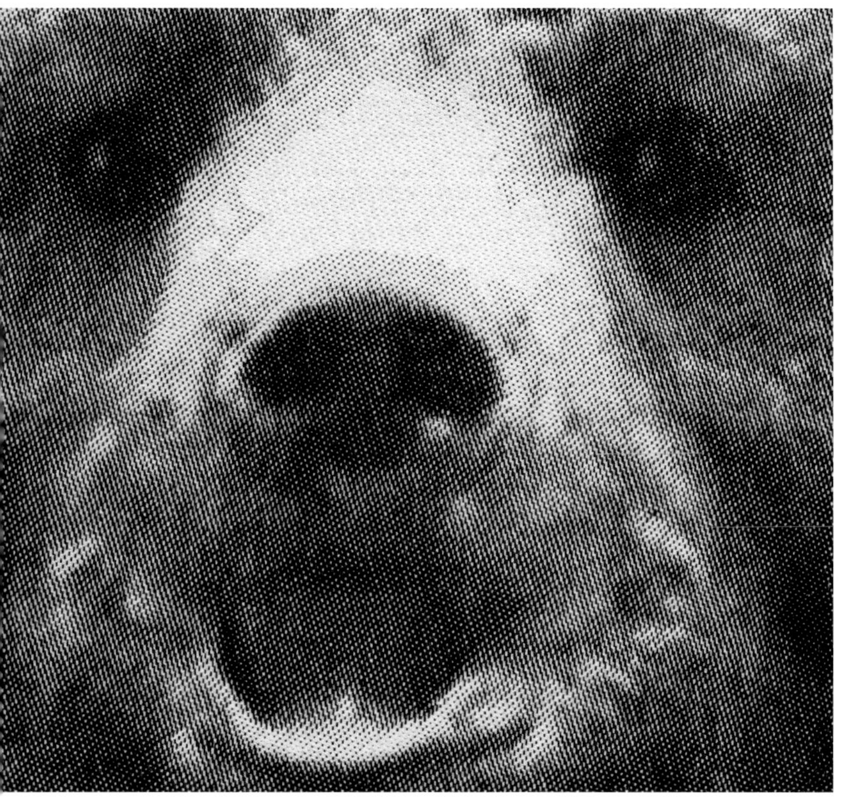

Wall Street, 2017, Tapisserie, Detail
Wall Street, 2017, Tapestry, Detail

In ihrem Werk „Knossos" erkennt Passow bei der europäischen Gesellschaft ein sexuelles Begehren, das nur mehr in einem narzisstischen Eros besteht und folglich bei beiden Geschlechtern ins Leere läuft. Wenn die Münchner Künstlerin diesen Narzissmus in den Mittelpunkt rückt, geht es ihr weniger um eine psychopathologische Diagnose als vielmehr um die Feststellung einer viel weiter ausgreifenden Signatur westlicher Gesellschaften, in deren Populärkultur sich entleerte sexualisierte Appellative häufen.

Demnach leben wir gegenwärtig im Zeitalter eines gesteigerten Narzissmus. Was Herbert Marcuse nach dem Zweiten Weltkrieg (1955) noch als positives Persönlichkeitsmerkmal etablieren wollte, hat der amerikanische Historiker Christopher Lasch kaum ein Vierteljahrhundert später in „Culture of Narcissm" (1979) als negatives Charakteristikum westlicher Ge-

sellschaften entlarvt. Doch der Narzissmus, den Passow im Blick hat, geht qualitativ noch über Lasch hinaus. Denn der heutige Narzissmus steht unter dem Eindruck einer ganz neuen Herausforderung. Allenthalben locken in der jüngsten Zeit Casting-Shows, Dating-Websites, Facebook, Tinder etc. das Subjekt – ausnahmslos Plattformen, die unter dem Joch der Selbstoptimierung der mühevollen Inszenierung des Ich dienen. Die Möglichkeiten der neuen Medien haben die Gelegenheiten und zugleich Manipulationen der Selbstdarstellung exponentiell erweitert.

Einer der jüngsten Trends propagiert sogar das Self-Dating, das Rendezvous mit sich selbst. Die aus Island stammende Künstlerin Björk ließ in ihrem Song „Isobel" (1995) ihr lyrisches Ich verlauten: „My name Isobel, Married to myself, My love Isobel, Living by herself." Die britische Fotografin Grace Gelder nahm diesen Song zum Anlass, sich einer ganz neuen Zeremonie zu unterziehen, nämlich der Hochzeit mit sich selbst. Slavoj Žižek, Philosoph aus Slowenien, kritisiert dagegen die Paradoxie eines solchen Narzissmus, der die Herstellung eines reinen Selbst verspricht, ohne die Abgründe eines „unversöhnten Selbst" zuzulassen, das sich doch nur schwerlich aus der Kraft des reinen Subjekts heraus ausbalancieren lässt. Passows Minotaurus wie auch ihre Venus schauen nicht einander an, sondern sie präsentieren sich vielmehr im Schaufenster Knossos, allein um geschaut zu werden. Sie buhlen um Anerkennung in einer komplexen „Ökonomie der Aufmerksamkeit", die Georg Franck jenseits psychologischer Sphären eindrucksvoll beschrieben hat. Die „Aufmerksamkeit anderer Menschen", so hebt Franck an, „ist die unwiderstehlichste aller Drogen." Passow hat die raffinierte Droge des Tauschwertes Aufmerksamkeit für die heutige Zeit ins Bild gesetzt, in der die Ökonomie immer mehr Einzug in das sozio-kulturelle Miteinander hält. Am Ende wirken der einst so fürchterliche Minotaurus wie auch die ehedem so verführerische Venus wie zwei Schauspieler, die in ihrer eitlen Posse der Selbstdarstellung auf der ramponierten Bühne von Knossos allein sich selbst geben. Und nochmals Franck: „Der Kapitalismus des Geldes war eine Tragödie. Der Kapitalismus der Aufmerksamkeit trägt zweifellos närrische Züge. Nur gehört es zur Komödie, daß die Narretei sehr ernst genommen wird."

Brüssel

Das letzte Bild aus Passows Europa-Zyklus widmet sich dem Schauplatz Brüssel, der unschwer durch das Atomium im Hintergrund zu identifizieren ist. Über die belgischen Belange hinaus dient Brüssel als prominenter Sitz zahlreicher Einrichtungen der Europäischen Union sowie des Verteidigungsbündnisses NATO. In dieser enormen Verwaltungskonzentration zieht Brüssel zahlreiche negative Mythen auf sich. In den Augen der Kritiker steht die Stadt für ineffiziente Administration, für einen Bürokratiedschungel und für einen Regulierungswahn. Auch Intransparenz, Bürgerferne, ein zu teurer Euro und nicht zuletzt der Vorwurf der Korruption gehören zum stereotypen Repertoire der Brüssel-Kritiker.

Auf dieses europapolitisch bedeutsame Brüssel lässt Passow ihre menschengleichen Füchse los, die wie Touristen für ein gemeinsames Foto posieren. Offenbar handelt es sich um Menschen, die in Fuchskostümen stecken. Diese merkwürdigen Füchse finden sich für das Bild jedoch nicht aufrecht stehend zusammen wie eine disziplinierte Schulklasse oder Seniorengruppe, sondern lassen sich wie Jugendliche einer Straßengang in freien Posen ablichten. Ob cool in der Hocke, stehend oder mit ausgestrecktem Arm – die einzelnen Mitglieder dieser Gang scheinen mächtig Spaß zu empfinden.

Die freudige Erregtheit der Szene täuscht jedoch allzu leicht über die politische Gesinnung hinweg, die die Füchse miteinander teilen. Denn bei näherer Betrachtung erhebt sich die Frage, ob die mit Armbinden versehenen Füchse, von denen die meisten eine Krawatte bzw. ein Hemd tragen, eine Art Parteiuniform tragen. Und hat einer der Posierenden in der Tat den rechten Arm zum Hitlergruß erhoben? Passow bietet in ihrem Bild augenscheinlich keine gewöhnliche Reisegesellschaft dar, sondern es ist eine Gruppe von jungen Rechtsextremen, die hier Brüssel erobert. Unverfroren, aufreizend lässig und in aller Öffentlichkeit stellen diese Nazi-Füchse ihre politische Geisteshaltung zur Schau. Der am stärksten irritierende Moment an Passows Brüssel-Bild liegt in der Selbstverständlichkeit, mit der sich hier ein Rechtsextremismus, zumindest jedoch ein Rechtspopulismus, in der Öffentlichkeit breit macht, als gehörte er fraglos zum alltäglichen Erscheinungsbild der Stadt. Dieser Extremismus trifft sich längst nicht mehr heimlich und verschämt im Verborgenen, sondern ist scheinbar wieder salon- und öffentlichkeitsfähig geworden. Die Kuscheltieroptik der Füchse täuscht eine Harmlosigkeit des Geschehens vor, das in Wahrheit zu tiefer Beunruhigung Anlass gibt.

Mit ihrem Bild „Brüssel" kennzeichnet Passow den Rechtsextremismus bzw. -populismus als ein europäisches Phänomen, das auf dem Kontinent allenthalben – von Frankreich und den Niederlanden über die Slowakei, Polen und Ungarn bis hin zu Deutschland – wachsenden Zuspruch erfährt. Für eine liberale Gesellschaftsordnung bedeutet diese Entwicklung eine fundamentale Herausforderung. Indem Passows Füchse als uniformierte, homogene Gruppe auftreten, konterkarieren sie einen freiheitlichen Individualismus, der mit der Toleranz einer von Diversität geprägten Gesellschaft einhergeht. Dabei kann die so adrett wirkende Uniformierung kaum die rüde Natur der Füchse überdecken. Im Besitz xenophober und rassistischer Wahrheiten setzen sie letztlich auf Kampf. Ihre an ein Kindchenschema appellierende Physiognomie, die unweigerlich an Plüschtiere denken lässt, steigert nur noch den bürgerlichen Schrecken über ihre politische Haltung. Dass die Gattung der für gewöhnlich nachtaktiven Füchse als ungemein anpassungsfähig gilt, trägt nicht zur Beruhigung der demokratischen Gemüter bei. Passows Nazi-Füchse scheinen jederzeit zur Aktion bereit, um gegen Masseneinwanderung, Islamisierung, sexuelle Selbstbestimmung, Globalisierung, Demokratie, Pluralität, Toleranz oder auch nur das vermeintliche Establishment vorzugehen. Und in der Tat scheint der Liberalismus heutiger Prägung, der sich in der Form des Neoliberalismus allzu sehr mit dem Kapitalismus eingelassen hat, auf eine „Metaphysik der Konkurrenz" (Udo Martin), noch keine Antwort auf die rechtspopulistische und -extreme Herausforderung unserer Zeit gefunden zu haben. Der französische Philosoph Alain Badiou jedenfalls fordert für Europa eine „neue Subjektivität", die den globalisierten Kapitalismus konsequent unterläuft, um so neuen Denkmöglichkeiten, Assoziations- und Kooperationsformen den Weg in die Zukunft zu bahnen.

Eine „fabelhafte" Europamythologie als Tapisserie gewebt

Mit ihrem fünfteiligen Zyklus „Monkey Business" geht Beate Passow den Grenzen, Brüchen und Abgründen

Europas nach. Einst als Hort der Demokratie, Humanität und Kultur gefeiert, ist das heutige Europa – in Passows Augen – geprägt von einer äußerlichen Abwehrhaltung, von einem korrumpierten Kapitalismus und von einem immer schamloser auftretenden Rechtsradikalismus, von einem entleerten Eros und einer zynischen Flüchtlingspolitik, die den Tod vieler Hilfesuchender billigend in Kauf nimmt. Es liegt eine besondere Konsequenz in Passows ästhetischer Erkundung, den Wert und die Identität Europas nicht von dessen Zentrum, sondern von dessen fragwürdigem Umgang mit seinen Grenzen zu explorieren.

Mit ihrer Bildserie gelingt Passow letztlich eine eindringliche Mythologie des 21. Jahrhunderts, die ebenso plakativ wie subtil wirkt. Dabei greift die Künstlerin teils auf vorhandene Figuren des abendländischen Mythenarsenals zurück, deren symbolische Bedeutung sie jedoch invertiert. So wandelt sich der ursprünglich menschenfressende Minotaurus in einen nur noch um sich selbst kreisenden Egomanen, und der einst so vitale Zentaur mutiert zum gnadenlosen Todesboten. Dazu hat Passow neue mythische Fabelwesen erschaffen wie den aufreizend gleichmütigen Affen, das in seiner aggressiven Gier entfesselte Paar aus Bullen und Bären oder auch die politisch dreisten Füchse – allesamt Wesen, die durch ihre unmittelbare Anschaulichkeit überzeugen. Vielleicht mögen in der Gegenwart, die aufgrund des Anwachsens von Fakenews von einer ernsthaften Wahrheitskrise heimgesucht wird, überzeichnete Fabeltiere die Wirklichkeit plausibler ins Bild setzen? Jedenfalls halten Passows „fabelhafte" Wesen Europa den Spiegel vor, der jedoch einer charakteristischen Eigenschaft der Fabel entbehrt: nämlich mit einer belehrenden Moral aufzuwarten.

Ein wesentlicher Aspekt blieb in unserem Nachdenken über die Interpretationsmöglichkeiten von Passows Europa-Zyklus bis hierher noch unberücksichtigt. Diese Deutung setzt nicht inhaltlich, sondern formal an, bei der gewählten Kunstgattung selbst. Denn die in Schwarz-Weiß gehaltenen Bilder, die aus mittlerer Distanz wie Fotoarbeiten wirken, entpuppen sich bei näherer Betrachtung als raffiniert ausgeführte Tapisserien. Insofern halten die Bilder den Betrachter für Momente auch formal zum Narren (Monkey Business). Suggeriert die Fotografie eine dokumentarische Semantik, zeigen sich die gewebten Tapisserien hingegen als sorgfältig gewählte Kompositionen, die nicht den Augenblick, sondern überdauernde Strukturen einfangen. Wer sodann das künstlerische Genre der textilen Tapisserie als eine weibliche Kunstgattung interpretiert, für den muss sich der innere Widerspruch zwischen der so gedachten Form und den von Passow gewählten Inhalten, die fast nur männliche Akteure bei moralisch fragwürdigen Geschäften zeigen, noch weiter verstärken.

In ihrer figurativ-narrativen Anlage folgen Passows Webarbeiten einerseits der großen abendländischen Tradition der Tapisserie, die sie andererseits radikal unterlaufen. Denn die Künstlerin wendet eine ehedem auf Repräsentation zielende Kunstgattung, die doch der Heldenerzählung, dem Herrscherlob, der Illustration biblischer Geschichten oder Darstellung pastoraler Szenen vorbehalten war, in ihr kritisches Gegenteil. Passows Fabelwelt der Gegenwart hinterfragt pointiert herrschende Systeme, ökonomische Strukturen und politische Bewegungen. In aufklärerischer Absicht entlarvt die Künstlerin den faulen Zauber (Monkey Business), mit dem Europa sich über sich selbst hinwegtäuscht. Von der von Jürgen Habermas geforderten „supranationalen Demokratie" Europas sieht Passow ihren Heimatkontinent noch weit entfernt.

Indem Passow die Gattung der Tapisserie grundlegend neu interpretiert, gesellt sie sich schließlich zum Kreis von Künstlerinnen und Künstlern, die, ästhetisch überaus überzeugend, die Textilkunst als eine ebenso legitime wie selbstbewusste Kunstgattung der Gegenwart begreifen.

Karl Borromäus Murr

MONKEY BUSINESS –
BEATE PASSOW'S AESTHETIC RECONNAISSANCE
OF EUROPE'S BORDERS

Beate Passow has produced a rich and complex series of pictures entitled „Monkey Business", consisting of five large-format works in black and white. The observer is drawn directly into these images populated by strange animals, mysterious creatures and mythical figures. This unusual menagerie includes a monkey, a bull, a bear, a group of human-like foxes, a peacock, a Minotaur, a centaur as well as a Venus-like young woman. When more closely examining the carefully arranged motives, which are clearly based on photographs and photograph montages, one finds the unusual protagonists in easily identifiable locations which are also named in the titles selected for the individual images. The monkey, for example, sitting on a discarded canon on the Rock of Gibraltar, its gaze fixed on the Mediterranean Sea. The powerful bear, which is leaping upon a no less colossal bull, is placed not far from New York's Wall Street. The troop of foxes is posing for a tourist photograph in front of the Brussels Atomium. The Minotaur, licking its lips in the setting of Knossos, is casting its eyes towards the woman standing in front of it as she attempts to cover her nakedness. In the last picture of the series, a centaur steps over destroyed refugee boats in Lampedusa.

These geographical designations, behind which we find symbolic categorisations, provide an indication of Passow's principal interest in her picture series. In these works, the Munich artist explores the political abysses of contemporary Europe, which seems to have been fundamentally shaken and to have gone awry on many levels. Each of the five images focuses on a different dimension of the destabilisation of European politics. It is worth examining the five individual image subjects more closely, each of which calls forth a rich array of associations.

Gibraltar

The observer is left with no choice but to interpret the monkey on the Rock of Gibraltar as a sentry, guarding Europe and keeping an eye on the border between this continent and Africa. The fact that this guard is crouching on a canon pointed out towards the Mediterranean alludes to the warlike and aggressively defensive behaviour Europe is watching its borders with in the era of the border protection agency Frontex. This behaviour is often the result of nationalistic discourses concerning the external borders of a continent which is systematically shielding itself from immigration from Africa and the Middle East. It is thus particularly obvious at the demarcation line of the continents that Europe is lacking a common vision characterised by a sense of global responsibility.

This fact also touches upon a structural connection concerning the question of the historical roots of European colonialism, which exploited the colonised territories of Africa, Asia and America, in some cases continuing over centuries. The cynical economic equation, therefore, is that – with respect to Africa – the notorious wealth of Europe was built up precisely at the expense of the economic, political and social development of the colonial territories. And despite all efforts towards decolonisation, the former colonial masters still have their fingers deep in the politics of their former colonies today, particularly those in Africa. While economic globalisation thus allows capital to flow freely across borders, freedom of movement for people is restricted by the fortress of Europe, which has erected countless outposts for the repulsion of migrants from its former colonies. Even if one considers the historical causal connection suggested here to be of little significance, the question nevertheless remains as to the humanitarian responsibility for the disastrous consequences of the Arab Spring, for example, which was strongly encouraged on many levels by the West.

Passow also clearly shows what Europe is attempting to protect with its policy of isolation. She has the alert monkey keeping watch over an idyllic, lagoon-like tourist resort dotted with sailing boats and yachts, providing more than just an idea of the riches obtained by Europe through exploitative trade.

Passow's Gibraltar picture allows for a different interpretation, however, if one sees the monkey in question, which appears in a provocatively serene pose, in another light. Is the most important aspect of this issue in fact not so much the pointed aggression, but rather the political indifference of those to whom the fate of the migrants barred from Europe is simply irrelevant? Is the continent turning a blind eye to the obvious challenges of global migration flows? The fact that the canon depicted in the image is obsolete due to its age, thus giving more the impression of historical decoration than that of an effective weapon, suggests that Europe is lacking the suitable instruments and up-to-date strategies for protecting the continent from the considerable challenges of the present time.

It now becomes clear that the monkey, in the role of a classical mythical creature, is holding a mirror up to Europe, revealing the political attitude behind the manic protection of the borders as mere "monkey business", the sole function of which is to distract from Europe's own responsibility – a responsibility that can only be expressed in this context as the necessity to act humanely.

It is worth noting one last point concerning Passow's Gibraltar image. The monkey depicted, the decisive protagonist of the picture, is of the Barbary macaque species. The name itself refers to a North African origin, which is indeed true of the species population found in Gibraltar. This species found its way to the Iberian Peninsula during the Middle Ages as part of the Arab conquest, with Winston Churchill supplementing the population in more recent times with animals from Morocco to prevent the threat of extinction. The British Prime Minister was thus attempting to maintain the legend that Gibraltar would remain a domain of the United Kingdom as long as the animals survived there. In this regard, Passow's monkey seems to be a reference to the dialectic phenomenon that migration has always shaped the fate of Europe – the borders of which, upon closer examination, are geographically, politically and also culturally frayed.

In his 2008 project entitled "Don't Cross the Bridge before You Get to the River", which he carried out in the Strait of Gibraltar, the Belgian artist Francis Alÿs, who lives in Mexico, produced a work of film that gave the impression of reversing Europe's isolation. The powerful work depicts children and youths from both the Spanish and Moroccan sides of the strait with toy boats in their hands, making their respective ways towards the other continent, thus creating a human bridge across an inhumane divide.

Lampedusa

Passow continues her exploration of Europe's borders with the image "Lampedusa". While the work "Gibraltar" is characterised by a deceptively idyllic tone, the work "Lampedusa" immediately depicts a disturbing result of the refugee crisis of recent years: the wrecked boats of people attempting to cross the Mediterranean from North Africa to Europe. The artist spares the viewer any graphic images of drowned people or body bags. The violently shattered dinghies however, which create the impression of a boat graveyard, are powerful enough on their own. They call forth associations of refugee fates in which people put their lives at the mercy of smugglers, enduring unimaginable hardships and accepting the risk of death as if it were some kind of mortal lottery. All traces of humanity seem to have been forced out of Passow's image. The catastrophe which has taken place in the foreground pushes the view of civilisation, visible in the form of a human settlement on the horizon, into the background, thus placing it at an unattainable distance. The central focus of the picture, however, is occupied by a sinister protagonist who only becomes recognisable upon closer inspection. The figure is a centaur, devoid of flesh and blood, consisting only of a skeleton. While the centaur normally symbolises vitality or a vigorously instinctive nature, Passow's creature appears here in the form of the mythical Grim Reaper, who has been stripped of all humanity in a physical sense as well. Like the personification of death, the skeletal centaur steps proudly over its destructive work, to which it has taken on a similar form – its bones reflecting the shards of the shattered boats. Here, death commands a fleet of destroyed boats alluding to terrible fates. It is not a Flying Dutchman, however, who seeks redemption, but rather a perpetrator, whose mythological origins mark him out as European. In choosing the centaur, an instinctive and aggressive creature within mythology, Passow confronts the ideal of Europe, as a warm haven of enlightenment and human rights, with its dark side, consisting of recklessness, violence and brutality. The centaur thus embodies the dark dialectic of the Enlightenment, which has transformed Lampedusa, the outer edge of Europe, into opposite pole thereof, an anti-civilisation.

Passow depicts Lampedusa, which was once considered a tourist attraction, as a negative heterotopia, which, in accordance with Michel Foucault, puts the order of the world on display in its radically distorted form. The destruction and sinking of countless numbers of refugee boats constitutes a cynical component of the strategy of European refugee policy. The thousands of drowned refugees over recent years are a testament to the widespread failure of European immigration policy, which has not been able to guarantee safe paths and processes for reaching the supposedly so promising continent. In her paper „Elemente und Ursprünge totaler Herrschaft" (Elements and Origins of Totalitarian Rule), Hannah Arendt identified the refugee deprived of rights as having a particularly precarious social status, characterised by "worldlessness" and "silent individuality". A refugee, according to Arendt, was nothing more than a "living corpse" deprived of almost everything apart from their physical life: from their livelihood, language and culture through to their emotional equilibrium.

The field of philosophy has otherwise remained relatively silent concerning a theoretical grasp of the phenomenon of fleeing. In his paper "The Other Cape" (1991/92), the French philosopher Jacques Derrida produced the most consistent of the ideas articulated concerning the unusual dialectic at the outer limits of Europe and its significance for European identity – a dialectic which affects the topic of refuge-seekers in particular. Derrida, who was himself born the son of a Jewish family on the Maghrebian coast of Algeria, uses "The Other Cape", which refers from a European perspective to the coast beyond the continent, to present the idea of a European continent that opens itself up, understanding itself from the standpoint of its borders and its periphery. This new Europe, whose culture – according to Derrida – is never taken to be identical with itself, would be a continent that would accept the other into it as a determining aspect of its self-understanding by no longer isolating itself. With this idea, Derrida particularly attacks the concept of a hegemonic Europe that profits from a universally active economy and monetarism, but which reacts with closed borders and isolation to the migration of people from other parts of the world. The philosopher, however, is aware of Europe's immensely ambivalent dynamic in the past, which invariably pushed beyond its boundaries, in order "to bring forth and to produce, to seduce and to direct, to spread and to cultivate, to love and to rape – while loving to rape - to colonize and being settled."

Passow's image of Lampedusa does not share the optimistic vision of the future held by Derrida, who admittedly died before the most recent waves of migration, instead taking up on his criticism of Europe's sinister colonial past. The Munich artist shows a European border which, going beyond its limiting geographical dimension, represents a border between life and death, between humanity and barbarity. Passow would hence agree with Derrida that Europe's handling of its outer periphery – be it isolationist or welcoming – determines not only the fate of countless human lives, but also its own innermost self-understanding in terms of politics and culture.

Wall Street

In her image "Wall Street", Passow addresses a further dimension of Europe's borders, despite the fact that the title and subject matter of the picture clearly refer to the United States of America. The artist depicts a powerful bear jumping upon the so-called "Charging Bull" by the Italian sculptor Arturo Di Modica, who placed this monumental sculpture directly in front of the New York Stock Exchange for a single day in December 1989, before it was moved to a permanent position in the nearby Bowling Green Park. The aggressive bull, with a length of six metres, a height of nearly three and a half metres and a weight of three and a half tonnes, has a colossal presence simply in terms of its sheer size. For the financial world, the bull, which Di Modica himself used as a "sign of optimism and strength", typically symbolises a rising stock market, while the bear represents a falling market. One hence speaks of bull and bear markets. Another well-known artistic representation of the bull and bear motive can be seen on the Stock Exchange Square in Frankfurt am Main, created by Reinhard Dachlauer in 1985.

The constellation by Passow, in which the bear jumps on to the bull from behind, can be understood in several different ways. The simplest interpretation would be that the bear market repeatedly subjugates the bull market and forces it in the opposite direction. A more suitable interpretation, however, would be to understand the scene as a commentary on omnipresent capitalism as the "most fateful power of our modern life" (Max Weber). Since Ronald Reagan and Margaret Thatcher deregulated and thus unleashed the financial markets in the 1980s, virtually no effective boundaries have been set for neoliberalism, which aims for private maximisation and accumulation of profits. The victory march of neoliberalism, which seems to be without alternative, certainly seems to possess such immense power that it has resulted in both a "crisis of the welfare state" and an "exhaustion of Utopian energies" (Jürgen Habermas). In the logic of capitalism, as expressed by Passow, one could see in the bear the negative dimension of the modern financial market, which creates value paradoxically, through complex hedge funds or derivatives, by betting on the devaluation of currencies or share prices. Passow bestows upon the virtual dimension of international financial trade an aggressive or even brutal form when the lustful and greedy bear pounces upon the bull. Capitalism in its both fertile and obscene dynamic! Even the catastrophic financial and economic crises of recent times have failed to dent the libidinous desire for capital accumulation.

If the biological process of copulation is intended to create new life, which in the metaphorical interpretation of Passow's image would mean the gaining of new profits, then the attempt by the bear at mating is doomed to fail for several reasons. Firstly, these two creatures are obviously of two different species and thus cannot reproduce. The mating attempt by the bear is also futile because the bull is evidently made of lifeless, artificial material. In its sexual confusion, the bear is even in danger of injuring itself when rubbing against the bronze-cast bull. And finally, the two animals are clearly both male, which rules out any possibility of fertility from the encounter.

Is Passow perhaps making a critical statement with this male rendezvous concerning gender in the financial markets? In this case, her work "Wall Street" would be an attack on the chauvinism of stock market activity, which is still clearly dominated by men today. This accusation of chauvinism can be directed at the monumental sculpture "Charging Bull" alone, as demonstrated by the "Fearless Girl" standing in front of it since March 2017 – a sculpture by Kirsten Visbal of a small, fearless girl challenging the aggressive bull, including from a gender perspective. The one-dimensional increase of exchange values, such as that which occurs with listed papers that have long since ceased to be papers in a material sense, is resisted both by Visbal's "Fearless Girl" and by Passow's bull-bear pair.

A further interpretation possibility of Passow's "Wall Street" adds a political dimension to the capitalism critique mentioned above. If one takes the bear to be the Russian bear, then its struggle against the bull becomes a rodeo of the superpowers. The Russian bear appears to be massively sabotaging the American bull – in a revived "cold war" for global hegemony in economics and politics, a war that in recent years has been increasingly fought with the weapons of information technology.

Finally, Passow's encounter with the bull and bear displays a drastic monumentality that belittles all humanity and forces it aside. Considering the unrestricted market mechanisms of today, it is now more necessary than ever to express "criticism of the self-devaluation, self-disempowerment and self-destruction of society under capitalism", as Klaus Dörre, Stephan Lessenich and Hartmut Rosa, for example, have done.

In accordance with the critique expressed by Passow's picture series, capitalism represents a trans-continental phenomenon that affects North America and Europe to an equal degree. In Europe, the rampage of this economic system that engulfs everything as a matter of principle is perhaps even more glaring considering the

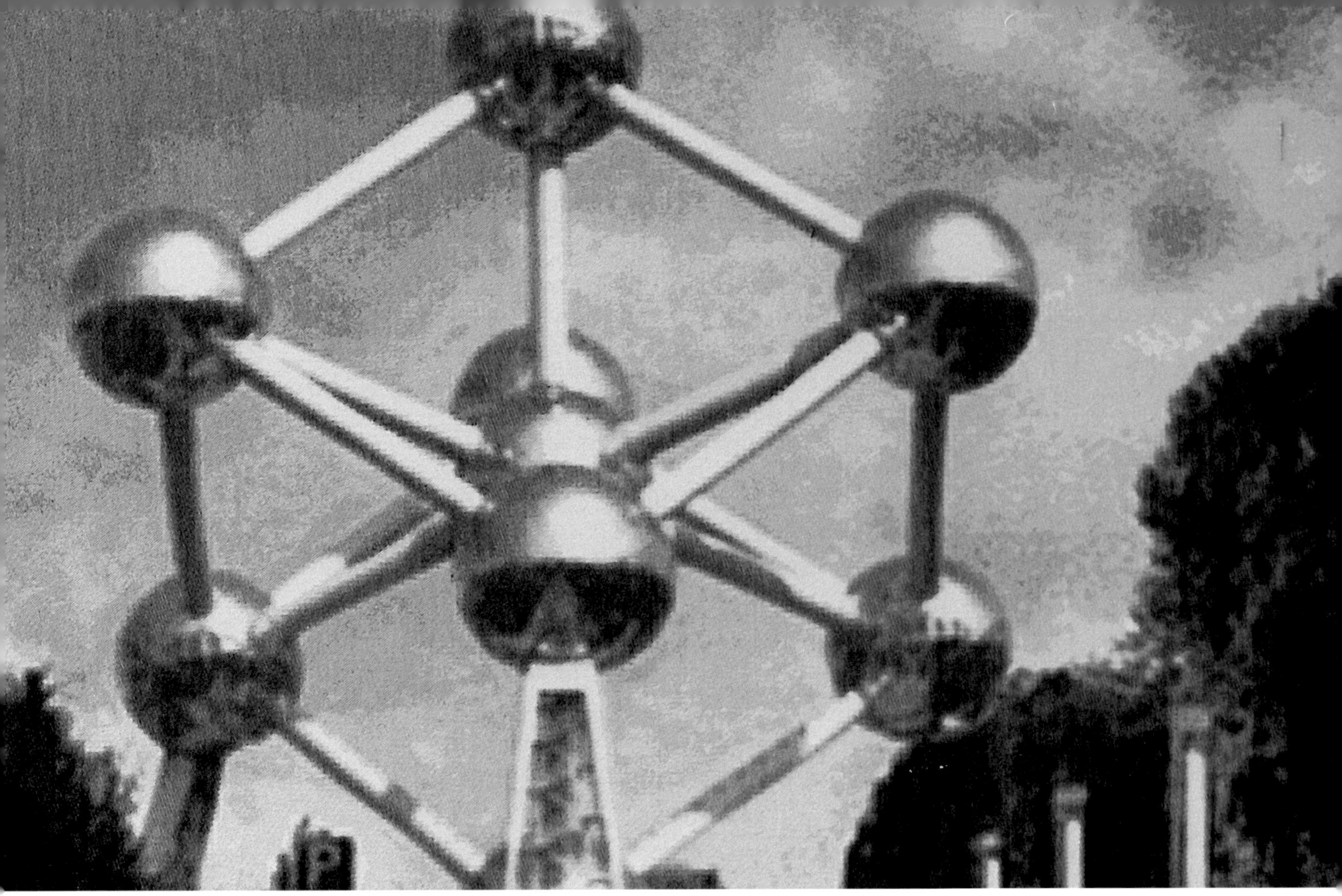

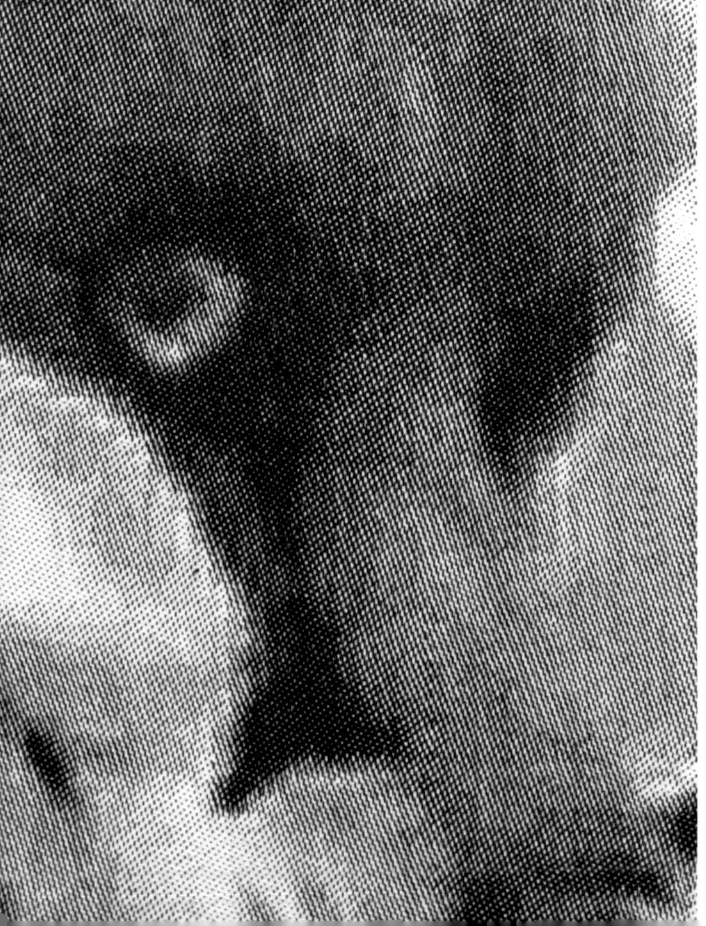
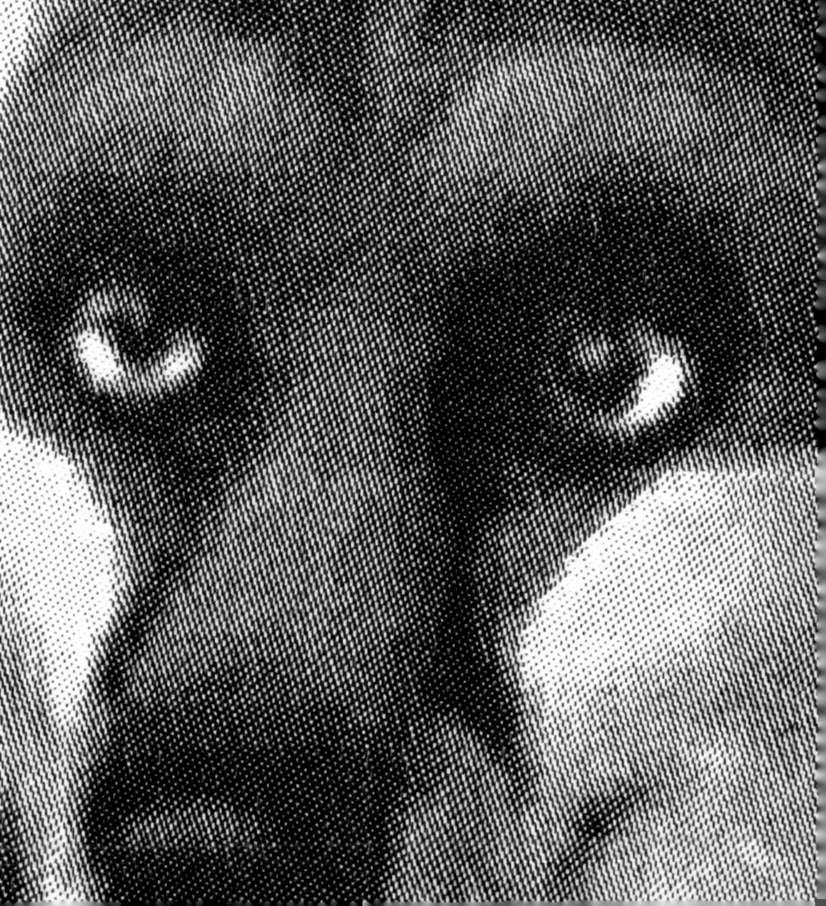

fact that Europe prides itself on being the birthplace and pioneer of universal values such as freedom, equality and fraternity – values that are corrupted at every turn by global capitalism, the universal driver of social inequality.

Knossos

With her image "Knossos", Passow next leads the observer to the island of Crete, a cradle of European civilisation. According to Homer, Knossos was ruled in mythical times by King Minos, the son of Zeus and Europa. By deceiving Poseidon, however, Minos was responsible for his wife Pasiphaë becoming involved with a divine bull, with which she conceived the notorious Minotaur, a man-eating monster. Passow depicts this creature, with the body of a man and the head of a bull, in an uninhibited horizontal position, lustfully licking its lips. While the mythical Minotaur long stood for animality, aggression and lust – aspects which Pablo Picasso repeatedly addressed -, more recent reception history – such as Friedrich Dürrenmatt in a ballade from 1985 – has interpreted it as a disorientated figure of the modern era, trying in vain to become human. Passow's Minotaur continues in this vein, self-obsessed in its search for recognition and hoping to find it from the young woman posing in front of it. The Eve or Venus-like woman is attempting to cover her nakedness with just a few leaves – a gesture that symbolically underlines her innocence. But she is also playing with her tongue, seeming to be enjoying herself in all her sensuality, but paying little attention to the Minotaur.

Which present European disposition is Passow examining with this couple that she has draped over the setting of Knossos? The first detail that catches the eye is that the Minotaur and Venus, as embodiments of man and woman, are depicted more or less naked, which gives the scene an unmistakeably erotic atmosphere. The figure of the Minotaur seems as if it is attempting to cast some sort of spell on the woman, trying to establish an interpersonal relationship of some kind. But in its saturated sluggishness, the human-animal-creature does not manage much more than an obscene tongue gesture. The Venus-like figure in the foreground of the picture seems to be content on her own from the beginning, apparently attempting to catch a raindrop playfully with her tongue. She is delicately enveloping the phallus-like peacock's neck in front of her, as if holding her own sexual gratification within her grasp – seemingly uniting the two sexes in one person. Here, Passow does not present a romantic couple succumbing to the power of mutual seduction, but rather two self-obsessed creatures caught in their individualism. The Minotaur is even frozen in stone because of this, while the female figure, in her vanity, seems to be content with her own company. The ruins of Knossos indeed do not provide a suitable landscape for a fruitful amorous encounter, but rather suggest a tradition reduced to rubble, which, like a stage setting, makes the appearance of the two self-obsessed protagonists seem even more artificial.

In her work "Knossos", Passow recognises a form of sexual desire in European society that no longer consists of anything more than a narcissistic eroticism, and hence leads to a sense of emptiness with both sexes. In placing the focus on this narcissism, the Munich artist is interested not so much in a psychopathological diagnosis, but rather in capturing a much more widespread signature of Western societies and their popular culture, which are awash with hollow sexualised appellatives. From this point of view, we are currently living in an era of heightened narcissism. That which Herbert Marcuse hoped to establish as a positive personality trait shortly after the Second World War (1955) was exposed less than a quarter of a century later as a negative characteristic of Western societies by the American historian Christoph Lasch in "Culture of Narcissism" (1979). But the narcissism with which Passow is concerned goes several steps beyond that which Lasch criticised. Today's narcissism is the product of entirely new challenges, with attractions such as casting shows, dating websites, Facebook, Tinder etc. to be found everywhere – all of them platforms propagating the burden of self-optimisation, serving the arduous constant representation of the self. The possibilities of new media have exponentially extended the opportunities, but also the manipulation of self-representation. One of the most recent trends even propagates the idea of self-dating, the rendezvous with oneself. In her song "Isobel" (1995), the Icelandic artist Björk sang the words: "My name Isobel, Married to myself, My love Isobel, Living by herself." The British photographer Grace Gelder was inspired by this song to go through with an entirely new ceremony, namely a marriage to herself. The Slovenian philosopher Slavoj Žižek criticised the paradox of such an example of narcissism, which promises the completion of a pure self, but without acknowledging the abysses of an "unreconciled self", which is difficult to balance out with the power of the pure subject alone.

Passow's Minotaur, along with her Venus, are not looking at each other, instead presenting themselves in the display case of Knossos with the sole purpose of being seen. They court recognition in a complex "economy of attention", which Georg Franck impressively described independently of psychological spheres. The "attention of other people", Franck points out, "is the most irresistible of all drugs". Passow has managed to create an image depicting the refined drug of attention with its market value for the contemporary age, in which the economy is increasingly encroaching upon socio-cultural interaction. The once terrifying Minotaur and the formerly so seductive Venus now seem like two actors merely playing themselves in their vain tomfoolery of self-representation on the ruined stage of Knossos. To quote Franck once again: "The capitalism of money was a tragedy. The capitalism of attention doubtless has comic traits. But a central condition of the comedy is that this foolishness is taken very seriously."

Brussels

The last image from Passow's picture series takes Brussels as its setting, easily identifiable by the Atomium in the background. In addition to Belgian affairs, Brussels serves as the prominent seat of numerous institutions of the European Union as well as of the military alliance NATO. With this enormous concentration of administrative institutions, Brussels has become the focus of numerous negative myths. In the eyes of its critics, the city symbolises inefficient administration, a jungle of bureaucracy and regulative madness. A lack of transparency, being far removed from the people, an expensive currency and the accusation of corruption all belong to the standard repertoire of Brussels' critics. It is on this city of Brussels, with its great significance for European politics, that Passow unleashes her human-like foxes, who pose together like tourists for a photograph. The figures in the image are obviously people in fox costumes. These strange foxes, however, are not standing upright together for the photograph like a disciplined school class or a group of pensioners, instead having their picture taken in free poses like a street gang of youths. Squatting in a cool pose, standing or with an arm outstretched – the members of this gang seem to be having a lot of fun.

The joyful excitement of the scene, however, quickly glosses over the political views that the foxes share with one another, for a closer examination raises the question of whether the armbands worn by the foxes, most of whom are also wearing a shirt and tie, are actually part of a party uniform. And does one of the posing foxes in fact have its right arm raised in a Hitler salute? In her image, Passow is obviously not portraying a regular group of tourists. It is a band of young right-wing extremists that is taking over Brussels here. Impudently, in plain sight and with a provocative air of coolness, these Nazi foxes are putting their political views on display. The most irritating aspect of Passow's Brussels image is the self-evident manner in which right-wing extremism, or at least right-wing populism, is taking over the public sphere as if it were an obvious and unquestioned part of the day-to-day activities of the city. This extremism has long since ceased to meet in secret, appearing to have once again become acceptable in mainstream society. The cuddly toy look of the foxes projects a deceptive image of harmlessness, when in fact the events unfolding constitute a cause for grave concern.

With her image "Brussels", Passow characterises right-wing extremism and populism as a European phenomenon which is gathering support in all parts of the continent – from France and the Netherlands to Slovakia, Poland, Hungary and Germany. For a liberal social order, this development represents a fundamental challenge. By appearing as a uniformed, homogeneous group, Passow's foxes stand in the way of a freedom-based individualism which goes hand-in-hand with tolerance for a society characterised by diversity. The smart-looking uniforms, however, cannot hide the uncouth nature of the foxes. Armed with xenophobic and racist so-called "truths", their principal strategy is conflict. Their physiognomy, designed to appeal to a baby schema and which immediately re-

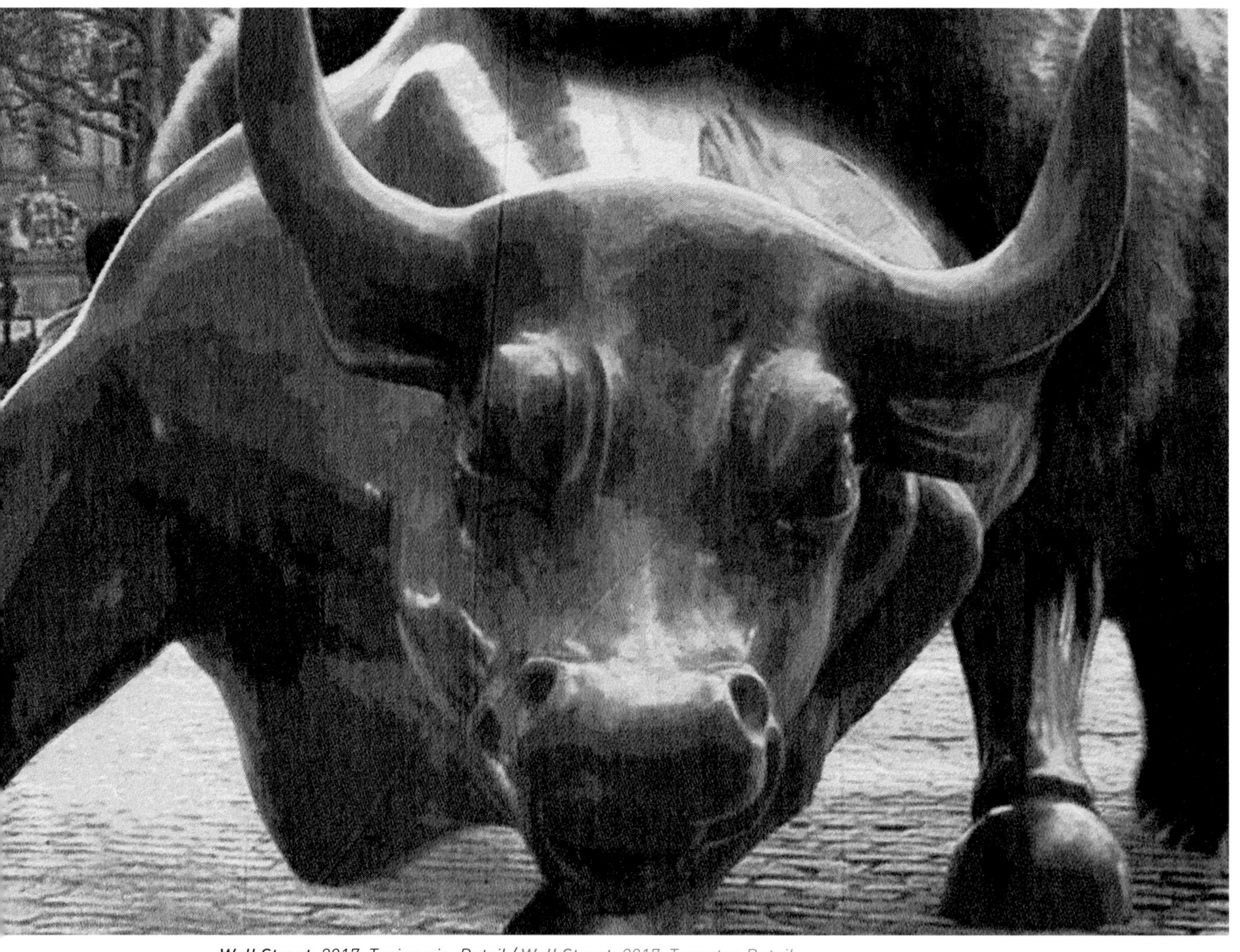

Wall Street, 2017, Tapisserie, Detail / *Wall Street,* 2017, Tapestry, Detail

minds the observer of cuddly toys, only increases the shock of civilised society at their political views. The fact that foxes, which are usually nocturnal, are generally considered as a species to be very adaptable does nothing to calm democratic fears. Passow's Nazi foxes appear to be ready at a moment's notice to take up the fight against mass immigration, Islamisation, sexual self-determination, globalisation, democracy, plurality, tolerance, or even simply against the supposed establishment. And liberalism in its current state, which, in the form of neoliberalism, has become far too involved with capitalism and the "metaphysics of competition" (Udo Martin), indeed does not seem to have found an answer to the right-wing extremist and populist challenges of today. In light of this fact, the French philosopher Alain Badiou has called for a "new subjectivity" for Europe which consistently avoids globalised capitalism, in order to pave the way for new possibilities of thought and forms of association and cooperation in the future.

A "Marvellous" Europe Mythology Woven as a Tapestry

With her five-part picture series "Monkey Business", Passow explores the limits, fractures and abysses of the European continent. Once celebrated as a haven of democracy, humanity and culture, contemporary Europe is now – in Passow's eyes – characterised by a defensive attitude towards outsiders, a corrupt system of capitalism, a form of right-wing extremism that is growing in confidence all the time, a hollow eroticism, and a cynical refugee policy that accepts and condones the death of countless people seeking help. Passow's aesthetic examination demonstrates particular consistency in exploring the value and identity of Europe not in terms of its centre, but rather in terms of its questionable handling of its external borders.

With her picture series, Passow has indeed managed to produce a striking mythology of the 21st century, both placative and subtle. To achieve this, the artist has partly made use of existing figures from the arsenal of Western mythology, although inverting their symbolic meaning in the process. The man-eating Minotaur, for example, is transformed into an egomaniac obsessed only with himself, while the once so vigorous centaur has mutated to become a merciless bringer of death. In addition to these figures, Passow has created new mythical creatures such as the provocatively serene monkey, the bull and bear couple unleashed in their aggressive craving, and the politically brazen foxes – all creatures depicted with an impressive and direct vividness. Perhaps overdrawn mythical creatures have a greater capacity to depict reality in our current era, which is facing a serious crisis of truth due to the rise of fake news. In any case, Passow's "marvellous" creatures hold a mirror up to Europe, but one without an important characteristic feature of mythology: namely the offer of an instructive moral to the story.

One important aspect of our thoughts on the interpretation possibilities of Passow's Europe series has not yet been mentioned. This particular interpretation addresses not content, but rather form, examining the chosen artistic genre itself. The images, which are kept in black and white and look, from a moderate distance, like photographic works, in fact reveal themselves upon closer inspection to be finely crafted tapestries. The images thus, for a moment, spring their own version of "monkey business", in a formal sense, on the observer. While photography suggests documentary semantics, the woven tapestries present themselves as carefully selected compositions that capture lasting structures rather than merely a single moment. For those who see the artistic genre of textile tapestry as a female art form, the inner contradiction between the interpretation of this form and the content chosen by Passow, which almost exclusively displays male figures engaged in morally questionable activities, must be even more striking.

In their figurative-narrative conception, Passow's woven works follow the great Western tradition of tapestry on the one hand, while on the other hand radically circumventing it. For the artist takes this art form, which was traditionally reserved for representation and was used to depict heroic episodes, praise rulers, illustrate stories from the Bible and paint pastoral scenes, and takes it to the opposite, critical extreme. Passow's mythical world of the present pointedly questions ruling systems, economic structures and political movements. In the spirit of enlightenment, the artist exposes the "monkey business" with which Europe attempts to disguise its current condition. Passow sees her home continent as still being far removed from the European "supranational democracy" called for by Jürgen Habermas.

By interpreting the genre of tapestry in a fundamentally new way, Passow joins the circle of artists who, in an aesthetically very convincing manner, understand textile art as a legitimate and self-confident art form of the contemporary era.

MONKEY BUSINESS

Fünf Tapisserien, Baumwolle mit Synthetik, 2017

MONKEY BUSINESS

Five Tapestries, Cotton and synthetic fibre, 2017

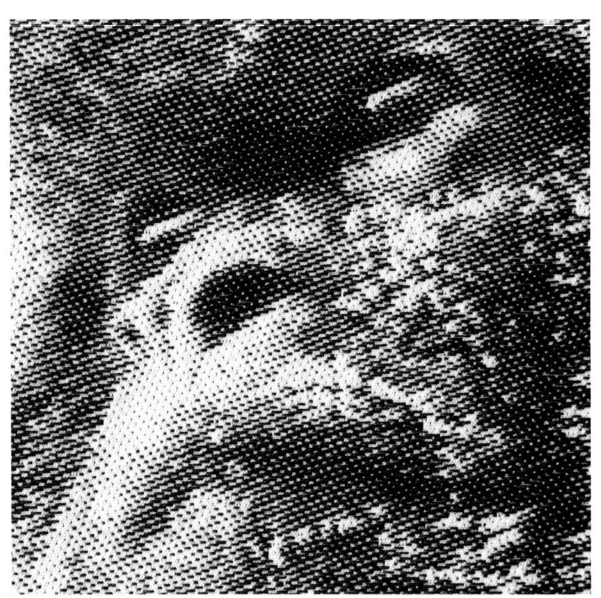

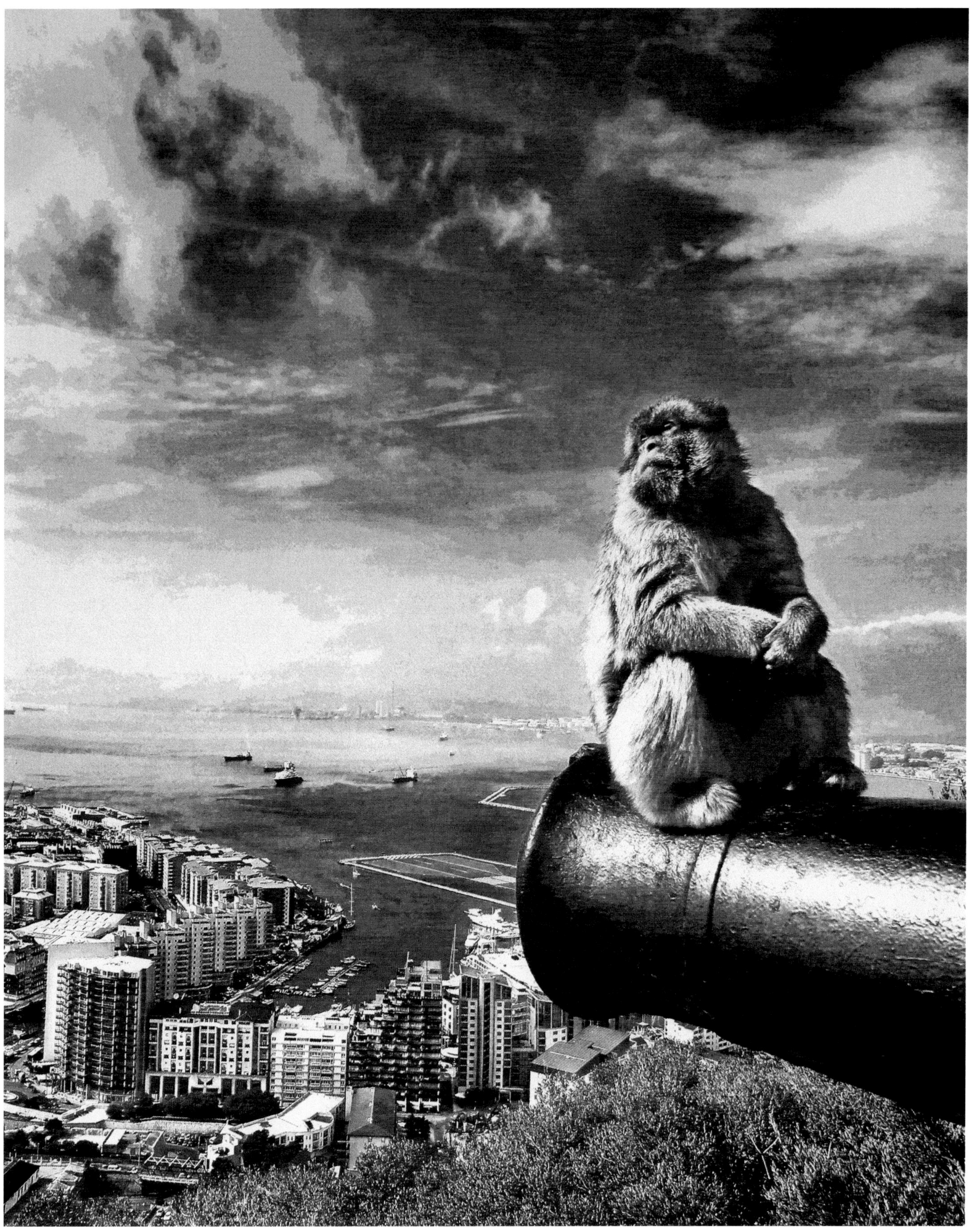

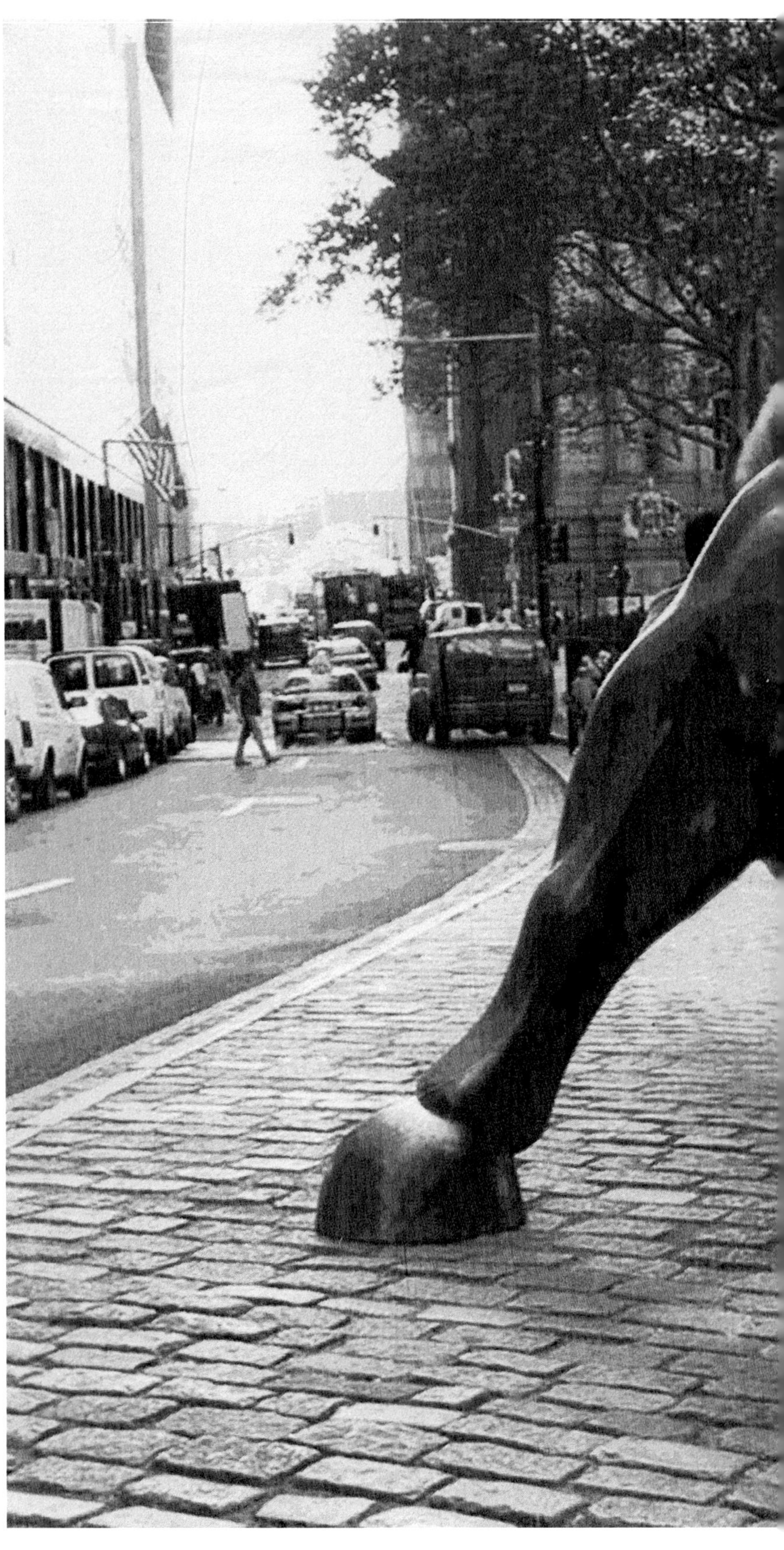

Wall Street, 2017, Tapisserie, 153 x 212 cm
Wall Street, 2017, Tapestry, 153 x 212 cm

Folgende Doppelseite: **Brüssel,** 2017,
Tapisserie, 153 x 248 cm
Following double page: **Brussels,** 2017,
Tapestry, 153 x 248 cm

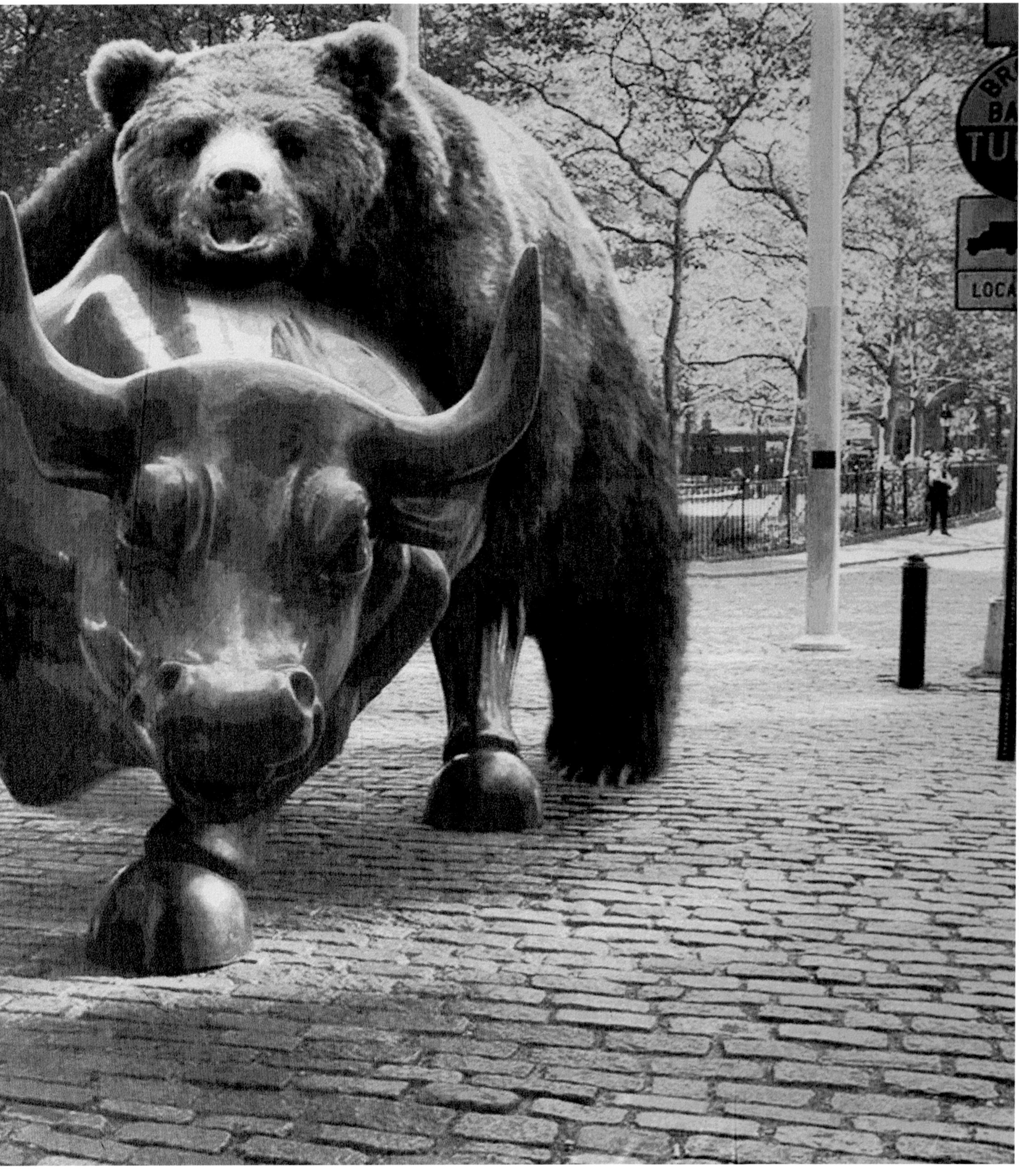
BR
BA
TU
LOCA

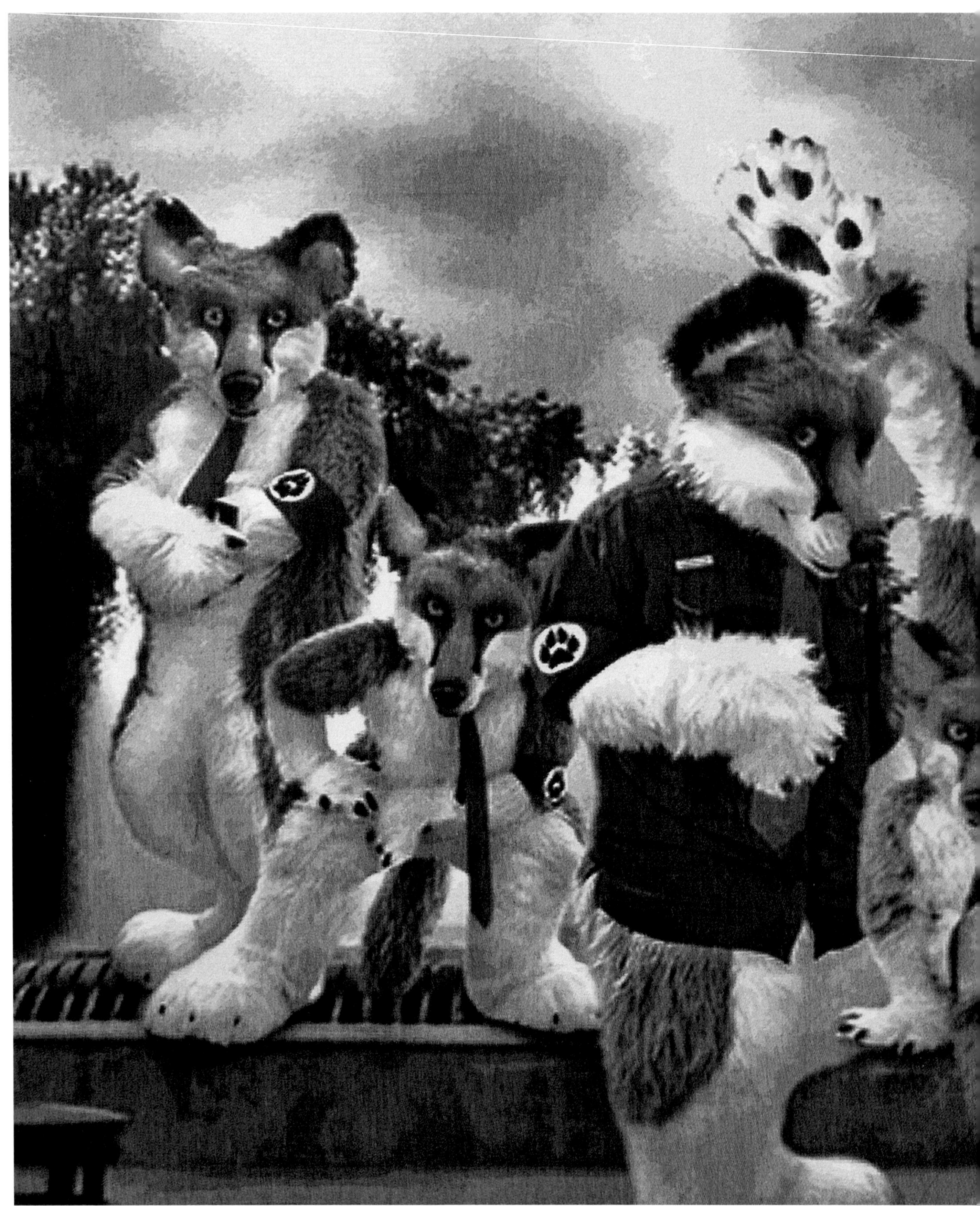

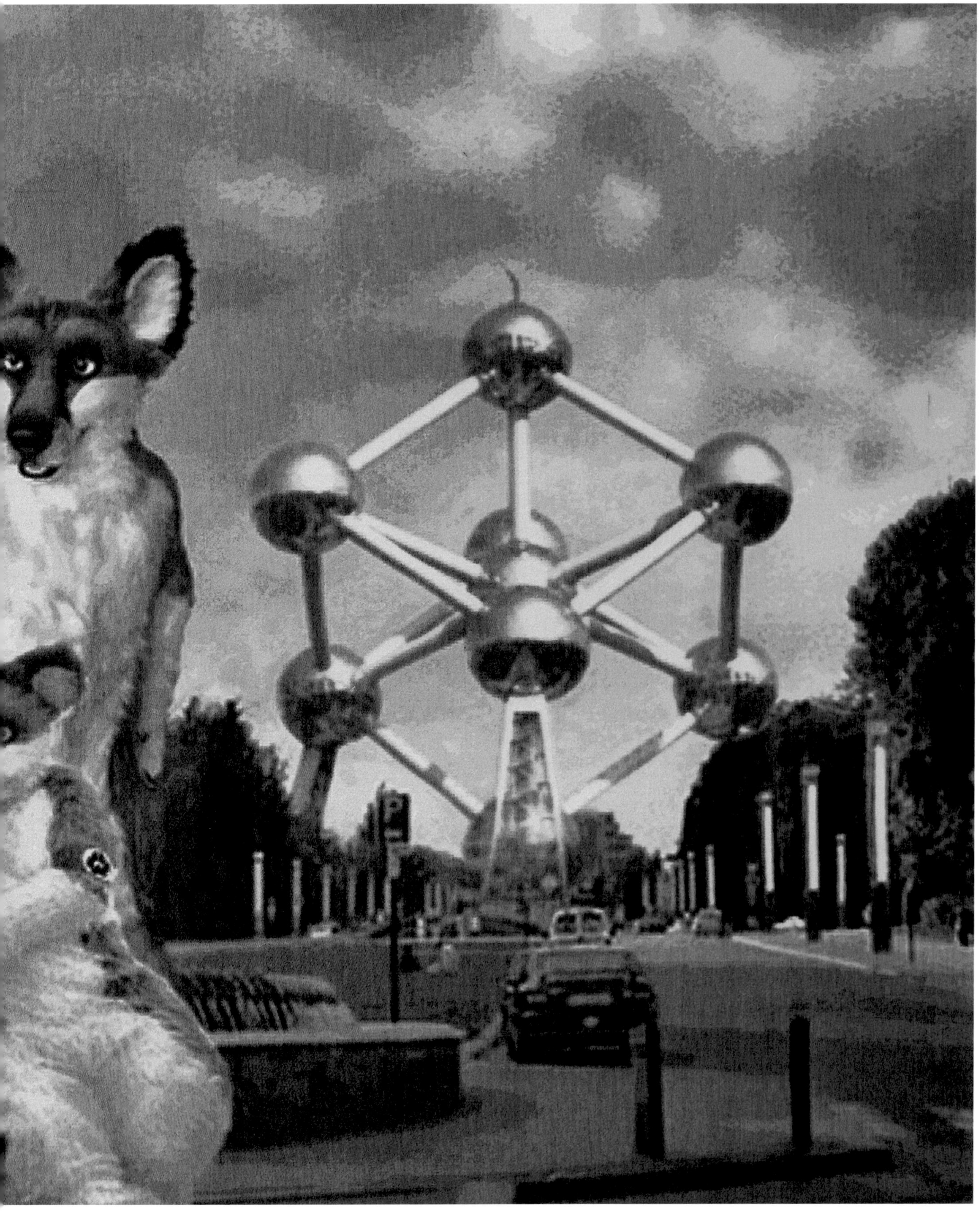

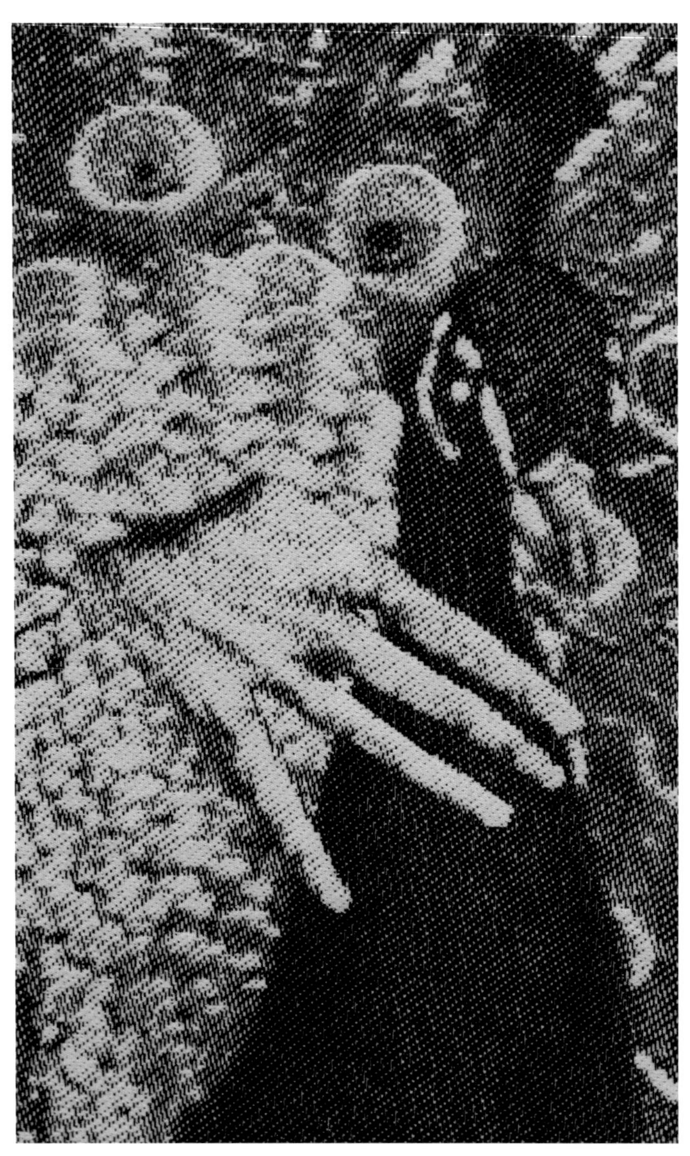

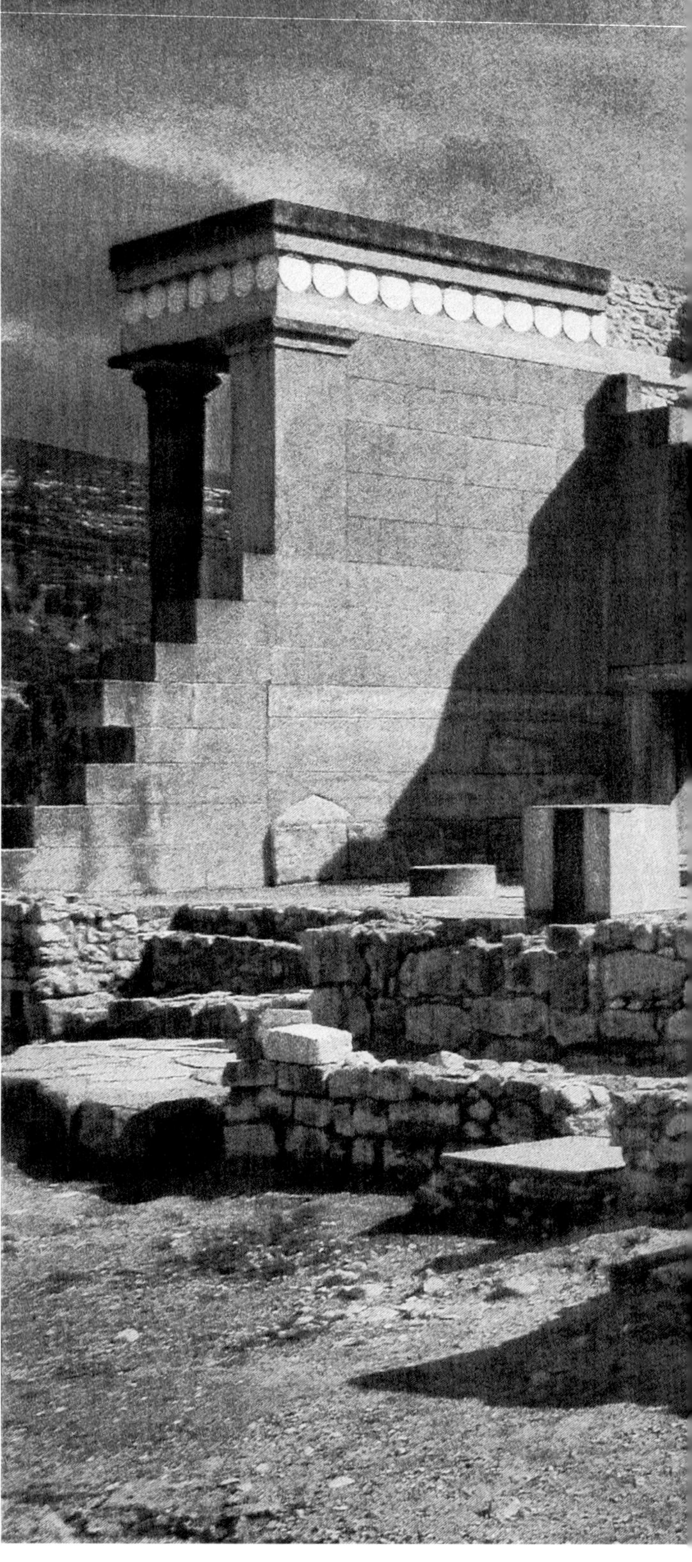

Rechts: **Knossos,** 2017, Tapisserie, 153,5 x 213 cm
Right: **Knossos,** 2017, Tapestry, 153,5 x 213 cm

Oben: **Knossos,** 2017, Tapisserie, Detail
Above: **Knossos,** 2017, Tapestry, Detail

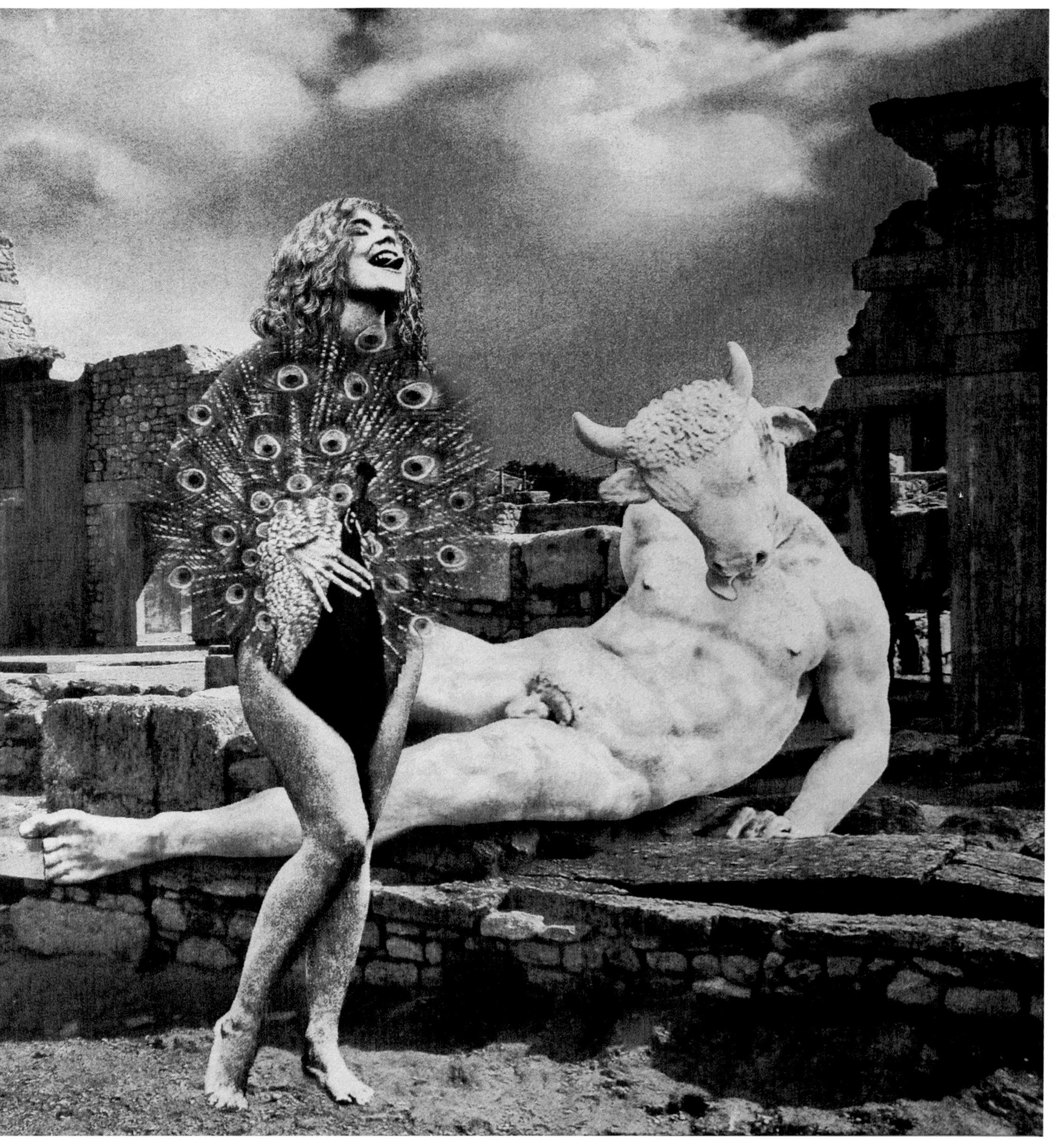

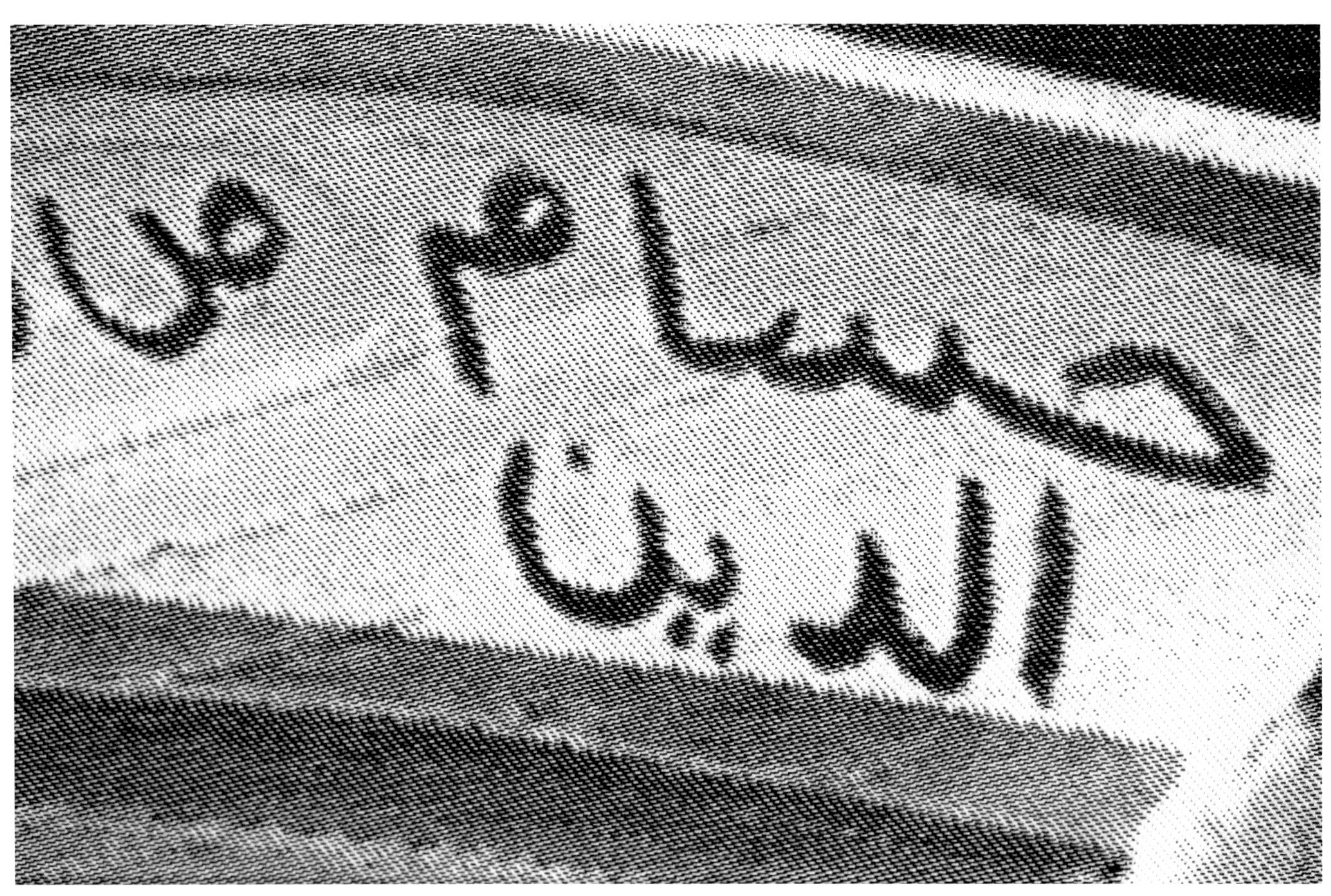

*Rechts: **Lampedusa,** 2017, Tapisserie, 200 x 155 cm*
*Right: **Lampedusa,** 2017, Tapestry, 200 x 155 cm*

*Oben: **Lampedusa,** 2017, Tapisserie, Detail*
*Above: **Lampedusa,** 2017, Tapestry, Detail*

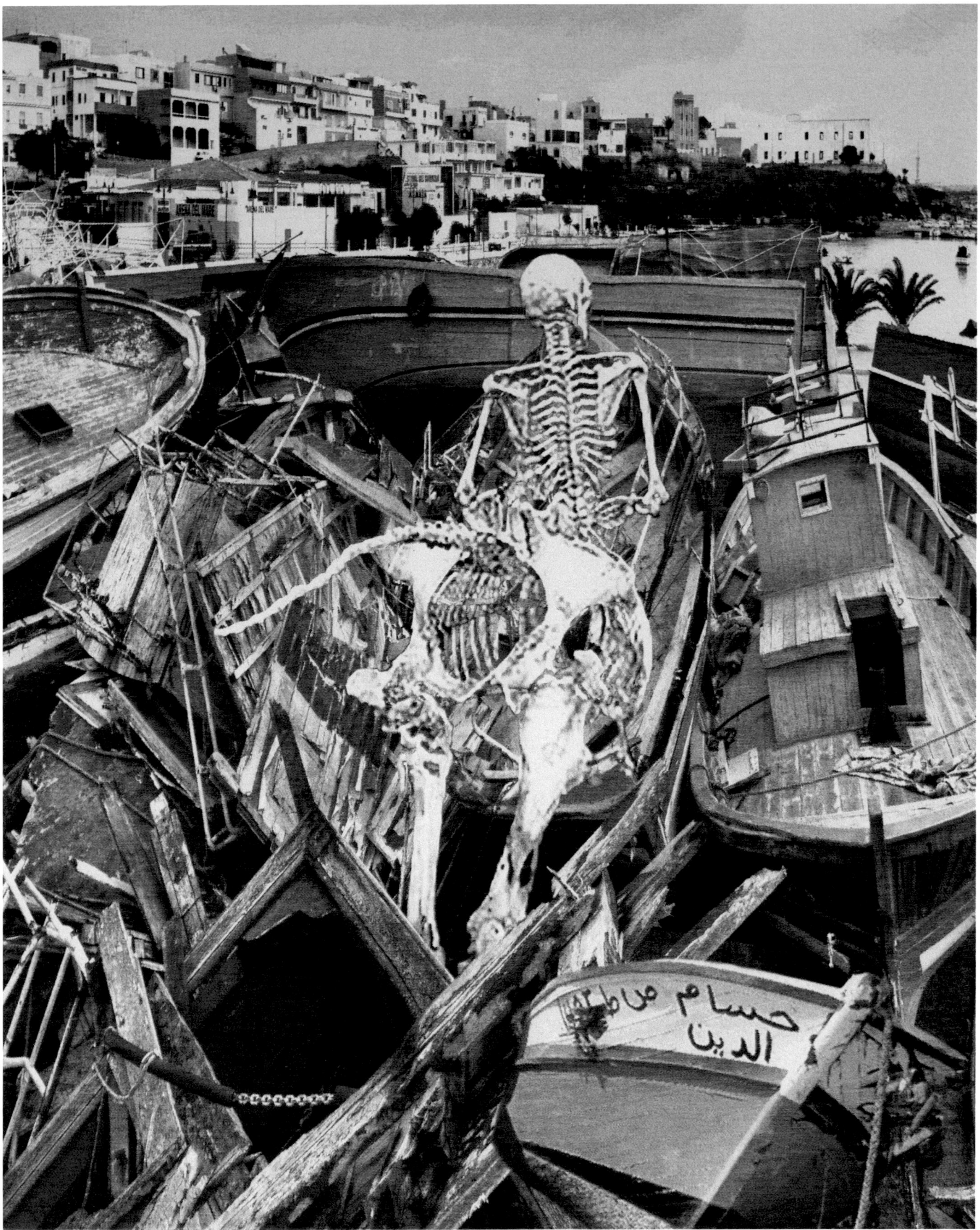حسام ماطا
الدين

WANTED

Serie von acht Fahndungsplakaten, 2015/2017

WANTED

Series of eight Wanted Posters, 2015/2017

Anarchistische Gewalttäter

– Baader/Meinhof-Bande –

Wegen Beteiligung an <u>Morden, Sprengstoffverbrechen, Banküberfällen und anderen Straftaten</u> werden steckbrieflich gesucht:

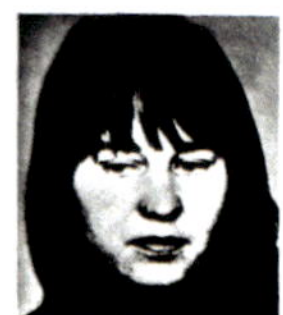
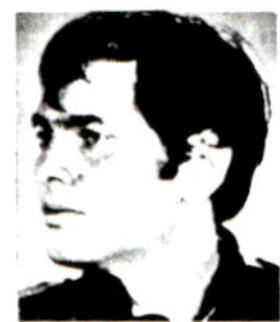
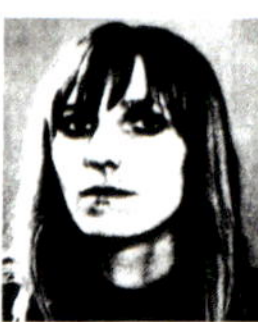
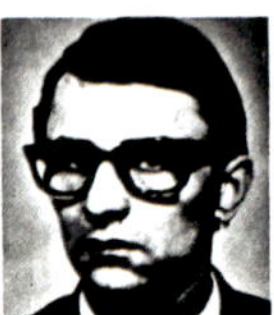
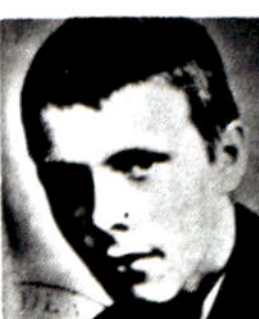

Meinhof, Ulrike,
7. 10. 34 Oldenburg

Baader, Andreas Bernd,
6. 5. 43 München

Enslin, Gudrun,
15. 8. 40 Bartholomae

Meins, Holger Klaus,
26. 10. 41 Hamburg

Raspe, Jan-Carl,
24. 7. 44 Seefeld

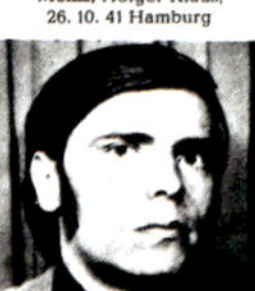
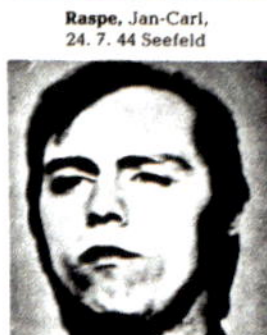

Stachowiak, Ilse,
17. 5. 54 Frankfurt/M.

Jünschke, Klaus,
6. 9. 47 Mannheim

Augustin, Ronald,
20. 11. 49 Amsterdam

Braun, Bernhard,
25. 2. 46 Berlin

Reinders, Ralf,
27. 8. 48 Berlin

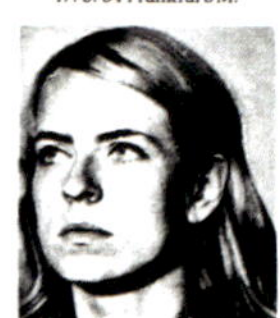
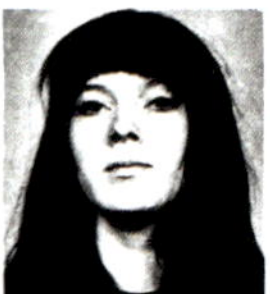
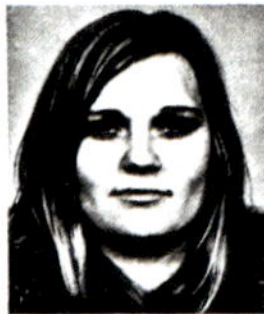
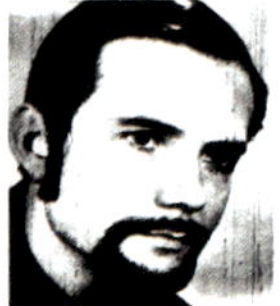
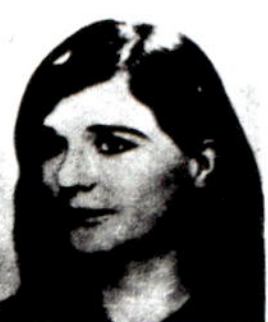

Barz, Ingeborg,
2. 7. 48 Berlin

Möller, Irmgard,
13. 5. 47 Bielefeld

Mohnhaupt, Brigitte,
24. 6. 49 Rheinberg

Achterath, Axel,
15. 4. 35 Hannover

Hammerschmidt, Katharina,
14. 12. 43 Danzig

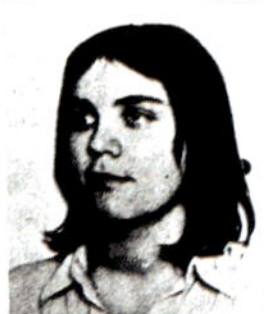
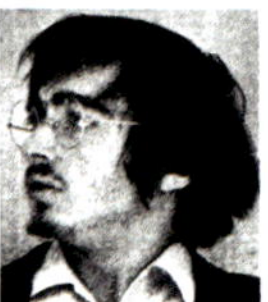
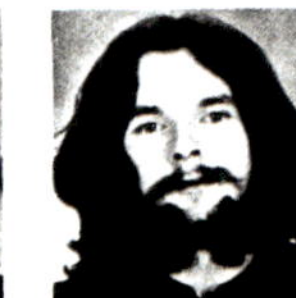
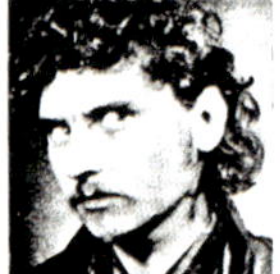

Keser, Rosemarie,
24. 8. 47 Ebersberg

Hausner, Siegfried,
24. 1. 52 Selb/Bayern

Brockmann, Heinz,
1. 3. 48 Gütersloh

Fichter, Albert,
18. 12. 44 Stuttgart

Für Hinweise, die zur Ergreifung der Gesuchten führen, sind insgesamt **100 000 DM** Belohnung ausgesetzt, die nicht für Beamte bestimmt sind, zu deren Berufspflichten die Verfolgung strafbarer Handlungen gehört. Die Zuerkennung und die Verteilung erfolgen unter Ausschluß des Rechtsweges.

Mitteilungen, die auf Wunsch vertraulich behandelt werden, nehmen entgegen:

Bundeskriminalamt – Abteilung Sicherungsgruppe –
53 Bonn-Bad Godesberg, Friedrich-Ebert-Straße 1 – Telefon: 02229 / 53001
oder jede Polizeidienststelle

Vorsicht! Diese Gewalttäter machen von der Schußwaffe rücksichtslos Gebrauch!

Anarchistische Gewalttäter, Rote Armee Fraktion, 1972, 2015/2017, Foto mit Stickerei, 120 x 90 cm
Anarchistic Violent Criminals, Red Army Faction, 1972, 2015/2017, Photograph with embroidery, 120 x 90 cm

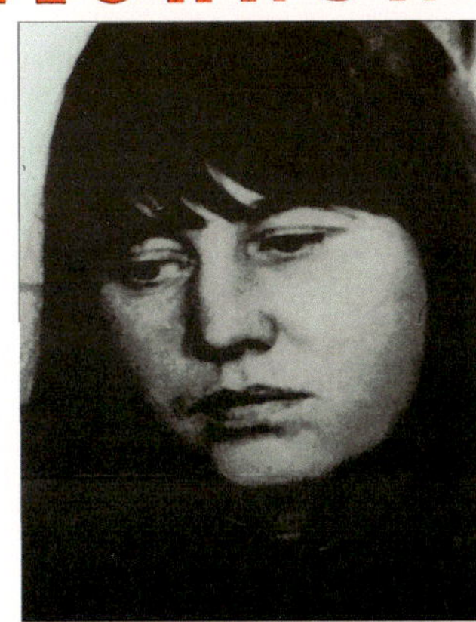

Deutschland 1970, Ulrike Meinhof, 2015/2017, *Foto und Stickerei, 120 x 90 cm*
Germany 1970, Ulrike Meinhof, 2015/2017, *Photograph and embroidery, 120 x 90 cm*

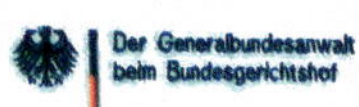

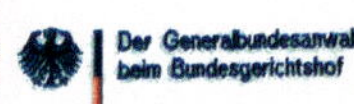

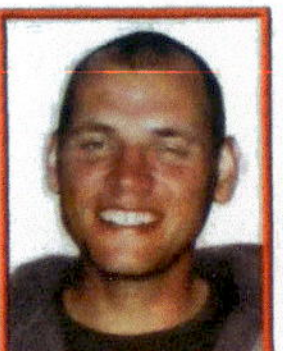
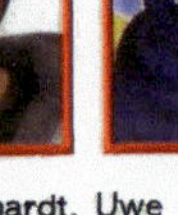
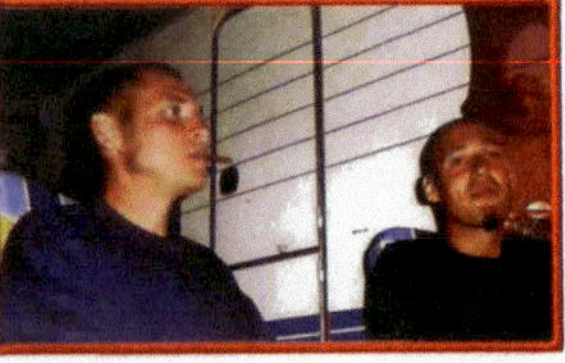
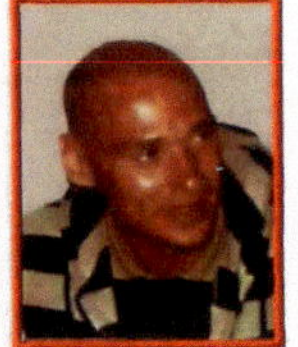
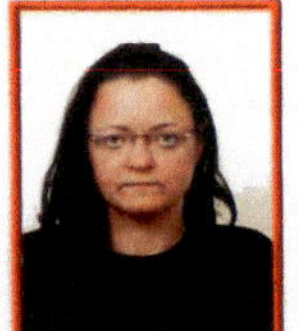
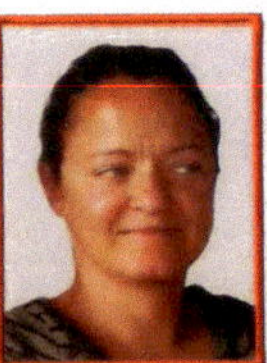

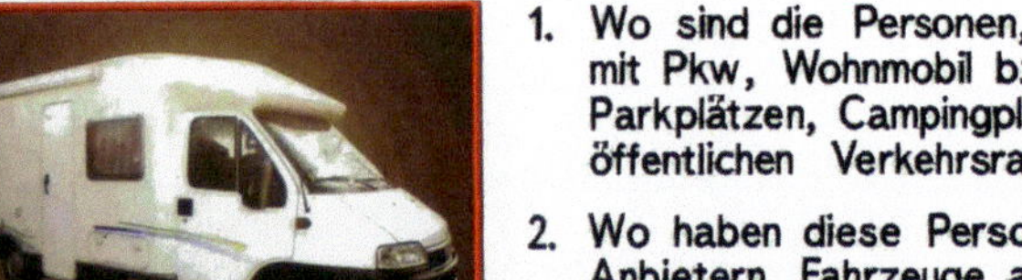

NSU, Rechtsterroristische Tätergruppe, 2011, 2015/2017, Foto und Stickerei, 120 x 90 cm
NSU, Right-wing terrorist organization, 2011, 2015/2017, Photograph and embroidery, 120 x 90 cm

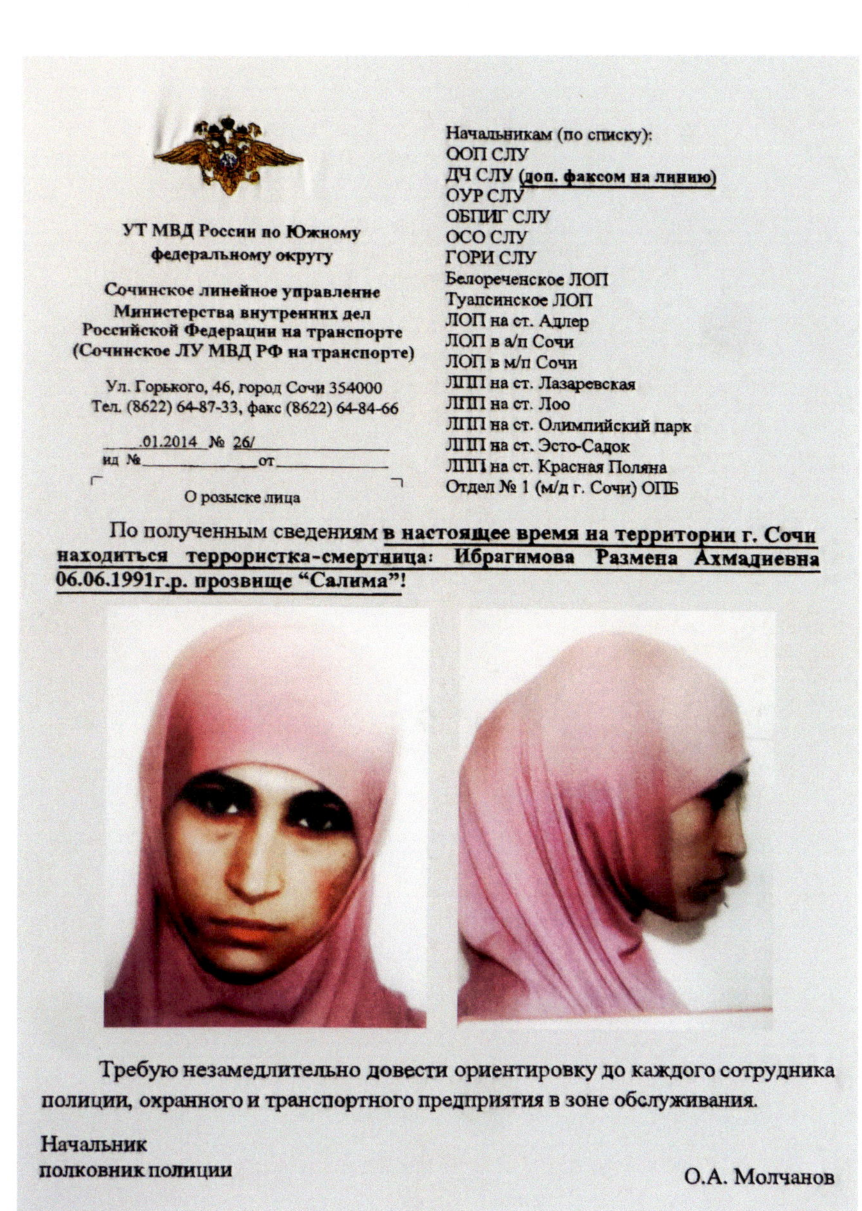

Sotschi, Schwarze Witwe, 2014, 2015/2017, Foto und Stickerei, 120 x 90 cm
Sotschi, Black Widow, 2014, 2015/2017, Photograph and embroidery, 120 x 90 cm

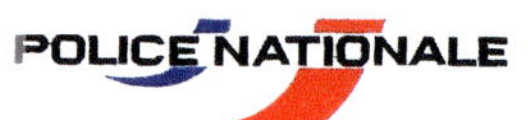

Terror in Frankreich, Police Nationale, 2015, 2015/2017, Foto und Stickerei, 90 x 115 cm
Terror in France, Police Nationale, 2015, 2015/2017, Photograph and embroidery, 90 x 115 cm

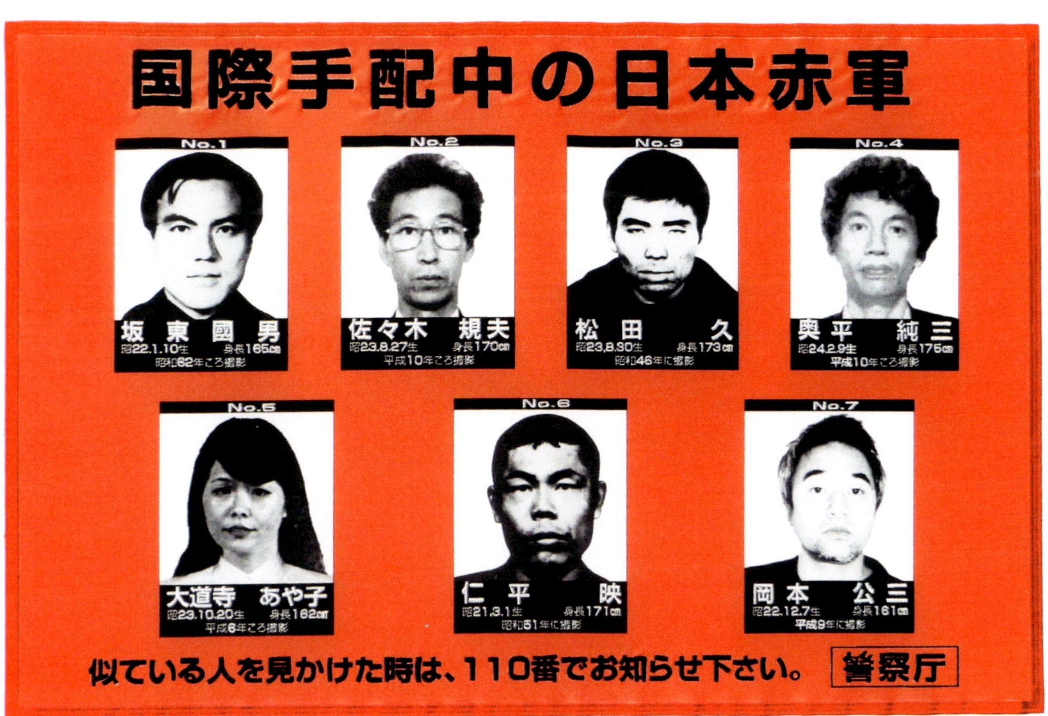

Rote Armee Fraktion Japan, 1971, 2015/2017, Foto und Stickerei, 90 x 115 cm
Red Army Faction Japan, 1971, 2015/2017, Photograph and embroidery, 90 x 115 cm

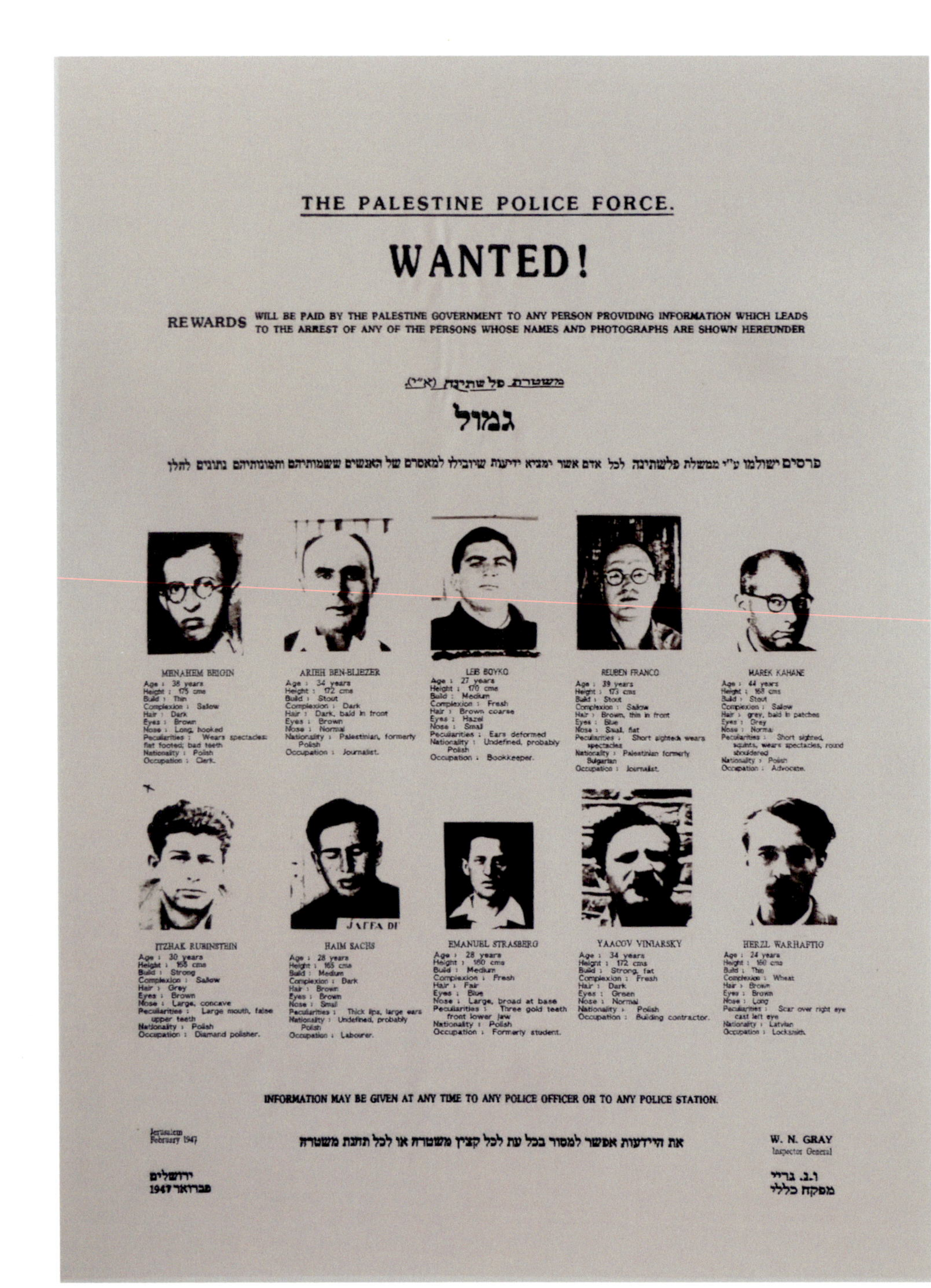

Gruppe Irgun, Palästina, 1947, 2015/2017, Foto und Stickerei, 120 x 90 cm
Irgun Organization, Palestine 1947, 2015/2017, Photograph and embroidery, 120 x 90 cm

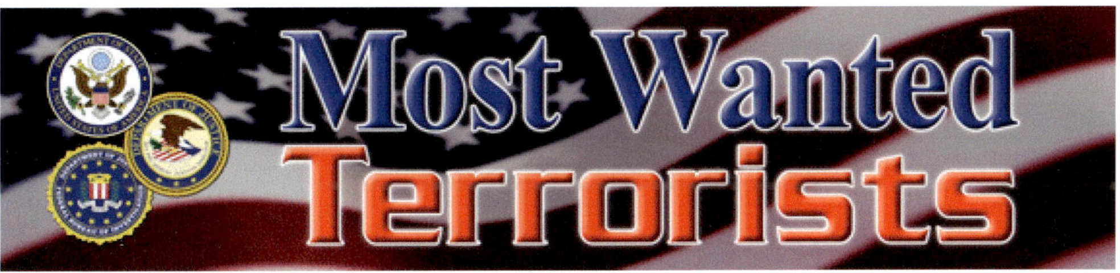

USAMA BIN LADEN

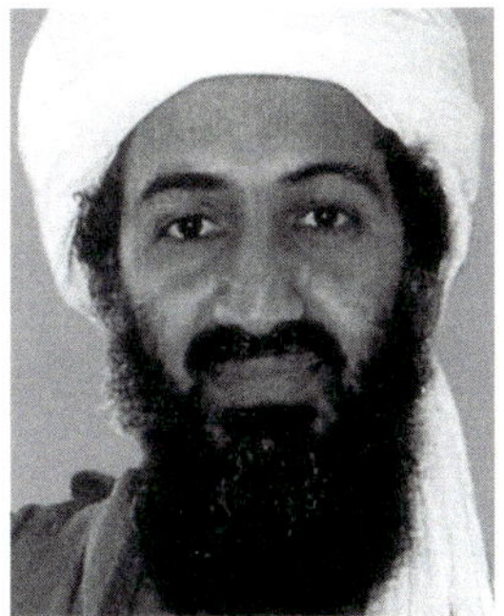

Aliases: Usama Bin Muhammad Bin Ladin, Shaykh Usama Bin Ladin, the Prince, the Emir, Abu Abdallah, Mujahid Shaykh, Hajj, the Director

DESCRIPTION

Date of Birth Used:	1957	**Hair:**	Brown
Place of Birth:	Saudi Arabia	**Eyes:**	Brown
Height:	6'4" to 6'6"	**Sex:**	Male
Weight:	Approximately 160 pounds	**Complexion:**	Olive
Build:	Thin	**Citizenship:**	Saudi Arabian
Language:	Arabic (probably Pashtu)		
Scars and Marks:	None known		
Remarks:	Bin Laden is believed to be in Afghanistan. He is left-handed and walks with a cane.		

CAUTION

USAMA BIN LADEN IS WANTED IN CONNECTION WITH THE AUGUST 7, 1998, BOMBINGS OF THE UNITED STATES EMBASSIES IN DAR ES SALAAM, TANZANIA, AND NAIROBI, KENYA. THESE ATTACKS KILLED OVER 200 PEOPLE. IN ADDITION, BIN LADEN IS A SUSPECT IN OTHER TERRORIST ATTACKS THROUGHOUT THE WORLD.

REWARD

The Rewards For Justice Program, United States Department of State, is offering a reward of up to $5 million for information leading directly to the apprehension or conviction of Usama Bin Laden. An additional $2 million is being offered through a program developed and funded by the Airline Pilots Association and the Air Transport Association.

SHOULD BE CONSIDERED ARMED AND DANGEROUS

IF YOU HAVE ANY INFORMATION CONCERNING THIS PERSON, PLEASE CONTACT YOUR LOCAL FBI OFFICE OR THE NEAREST AMERICAN EMBASSY OR CONSULATE.

www.fbi.gov

October 2001

USA Oktober 2001, Usama Bin Laden, 2015/2017, Foto und Stickerei, 120 x 90 cm
USA October 2001, Usama Bin Laden, 2015/2017, Photograph and embroidery, 120 x 90 cm

TRADE MADE

Serie von neun Kreditkartenauszügen, Auf Seide gestickt, 2009

TRADE MADE

Series of nine Credit Card Statements, Embroidered on silk, 2009

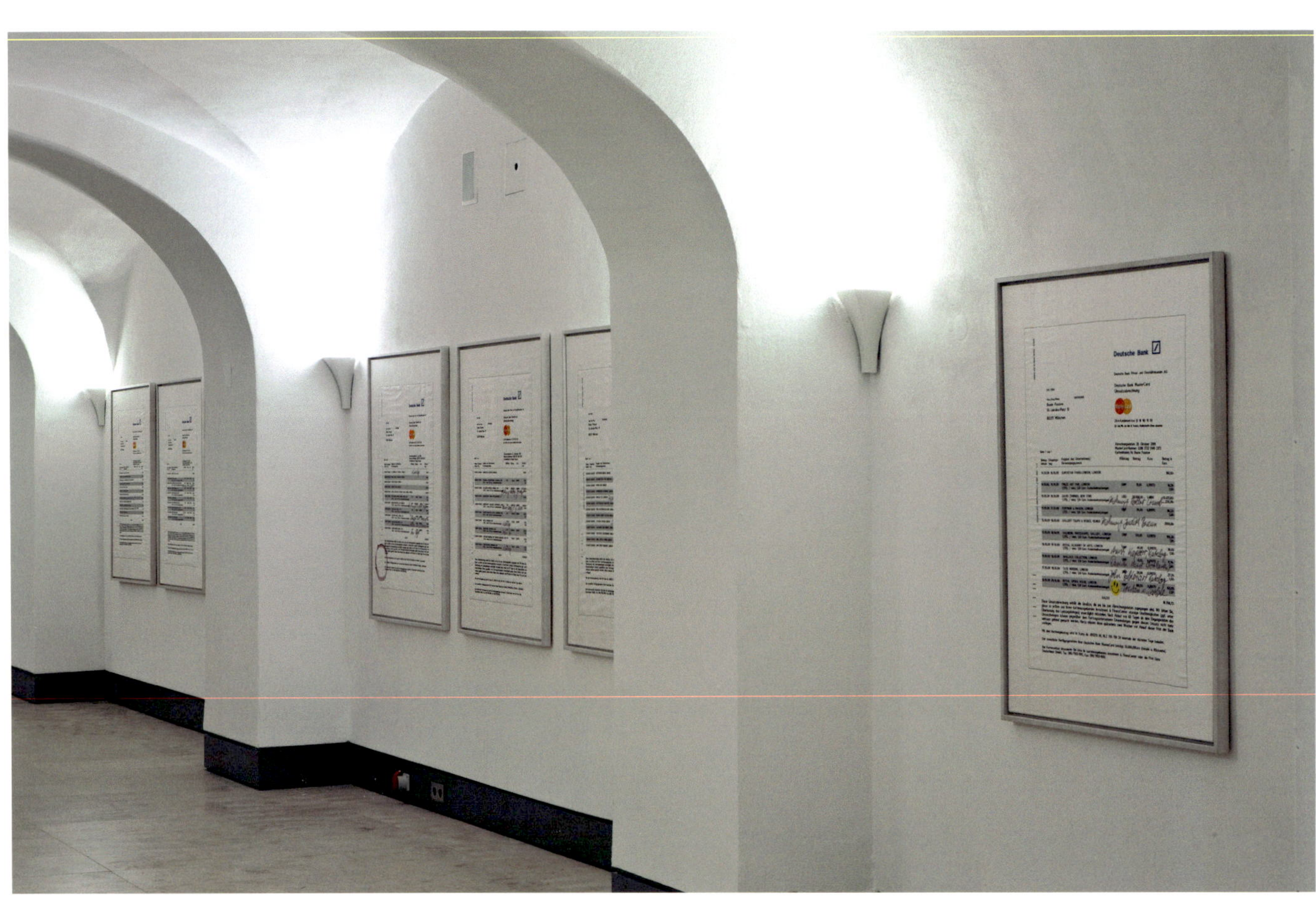

Oben: Kunstrausch, Bayerisches Nationalmuseum, 2011, Situationsfoto Wilfried Petzi
Above: Kunstrausch, Bavarian National Museum, 2011, Momentary Photograph Wilfried Petzi

Rechts: **La Biennale di Venezia und Art Basel 2009,** 2009, Stickerei auf Seide, 120 x 90 cm
Right: **La Biennale di Venezia and Art Basel 2009,** 2009, Embroidery on silk, 120 x 90 cm

3351 / 91054

Herr/Frau/Firma   7007002400

Beate Passow
St.-Jakobs-Platz 10

80331 München

Deutsche Bank

Deutsche Bank Privat- und Geschäftskunden AG

Deutsche Bank MasterCard
Umsatzabrechnung

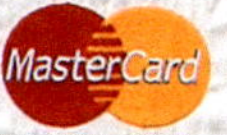

24-h-Kundenservice (0 18 18) 10 00
9,9 Cent/Min. aus dem dt. Festnetz, Mobilfunktarife können abweichen

Abrechnungsdatum: 25. Juni 2009
MasterCard-Nummer: 5288 2722 0140 2373
Karteninhaber/in: Beate Passow

Seite 1 von 1

Beleg-datum	Eingangs-tag	Angabe des Unternehmens/ Verwendungszweck	Währung	Betrag	Kurs	Betrag in Euro
07.06.09	10.06.09	LA BIENNALE DI VENEZIA, VENEZIA				40,00-
08.06.09	10.06.09	PUNTA DELLA DOGANA, VENEZIA				20,00-
08.06.09	09.06.09	CAFFE FLORIAN, VENEZIA				90,00-
09.06.09	11.06.09	HARRY'S BAR, VENEZIA				125,00-
09.06.09	12.06.09	HOTEL CARLTON & GRAND CANAL VENICE, VENEZIA				780,00-
10.06.09	13.06.09	MCH MESSE BASEL KASSE, BASEL CHE 1,75% / mind. 1,50 Euro Auslandseinsatzentgelt	CHF	38,00	1,50854	25,19- 1,50-
11.06.09	15.06.09	REGEN PROJECTS, LOS ANGELES 1,75% / mind. 1,50 Euro Auslandseinsatzentgelt	USD	45.000,00	1,3891	32.395,08- 566,91-
11.06.09	14.06.09	FASS BAR, BASEL, CHE 1,75% / mind. 1,50 Euro Auslandseinsatzentgelt	CHF	190,00	1,50854	125,94- 2,20-
12.06.09	15.06.09	THEATER BASEL, BASEL, CHE 1,75% / mind. 1,50 Euro Auslandseinsatzentgelt	CHF	110,00	1,50854	72,91- 1,50-
13.06.09	15.06.09	SCHAULAGER, BASEL, CHE 1,75% / mind. 1,50 Euro Auslandseinsatzentgelt	CHF	22,00	1,50854	14,58- 1,50-
13.06.09	16.06.09	KUNSTMUSEUM BASEL, CHE 1,75% / mind. 1,50 Euro Auslandseinsatzentgelt	CHF	28,00	1,50854	18,56- 1,50-

SALDO   34.282,37-

Diese Umsatzabrechnung enthält alle Umsätze, die uns bis zum Abrechnungsdatum zugegangen sind. Wir bitten Sie, diese zu prüfen und Ihrem kartenausgebenden Investment & FinanzCenter etwaige Unstimmigkeiten (ggf. unter Überlassung des Leistungsbeleges) unverzüglich mitzuteilen. Nach Ablauf von 60 Tagen ab dem Eingangsdatum des Umsatzbeleges können gegenüber dem Vertragsunternehmen Einwendungen gegen diesen Umsatz nicht mehr wirksam geltend gemacht werden. Hierzu müssen diese spätestens zwei Wochen vor Ablauf dieser Frist der Bank vorliegen.

Mit dem Rechnungsbetrag wird Ihr Konto Nr. 4913213 00, BLZ 700 700 24 innerhalb der nächsten Tage belastet.

Der monatliche Verfügungsrahmen Ihrer Deutschen Bank MasterCard beträgt 35.000,00 Euro (Details s. Rückseite).

Bei Kartenverlust informieren Sie bitte Ihr kartenausgebendes Investment & FinanzCenter oder die First Data Deutschland GmbH, Tel.: 069/7933-1910, Fax: 069/7933-1950.

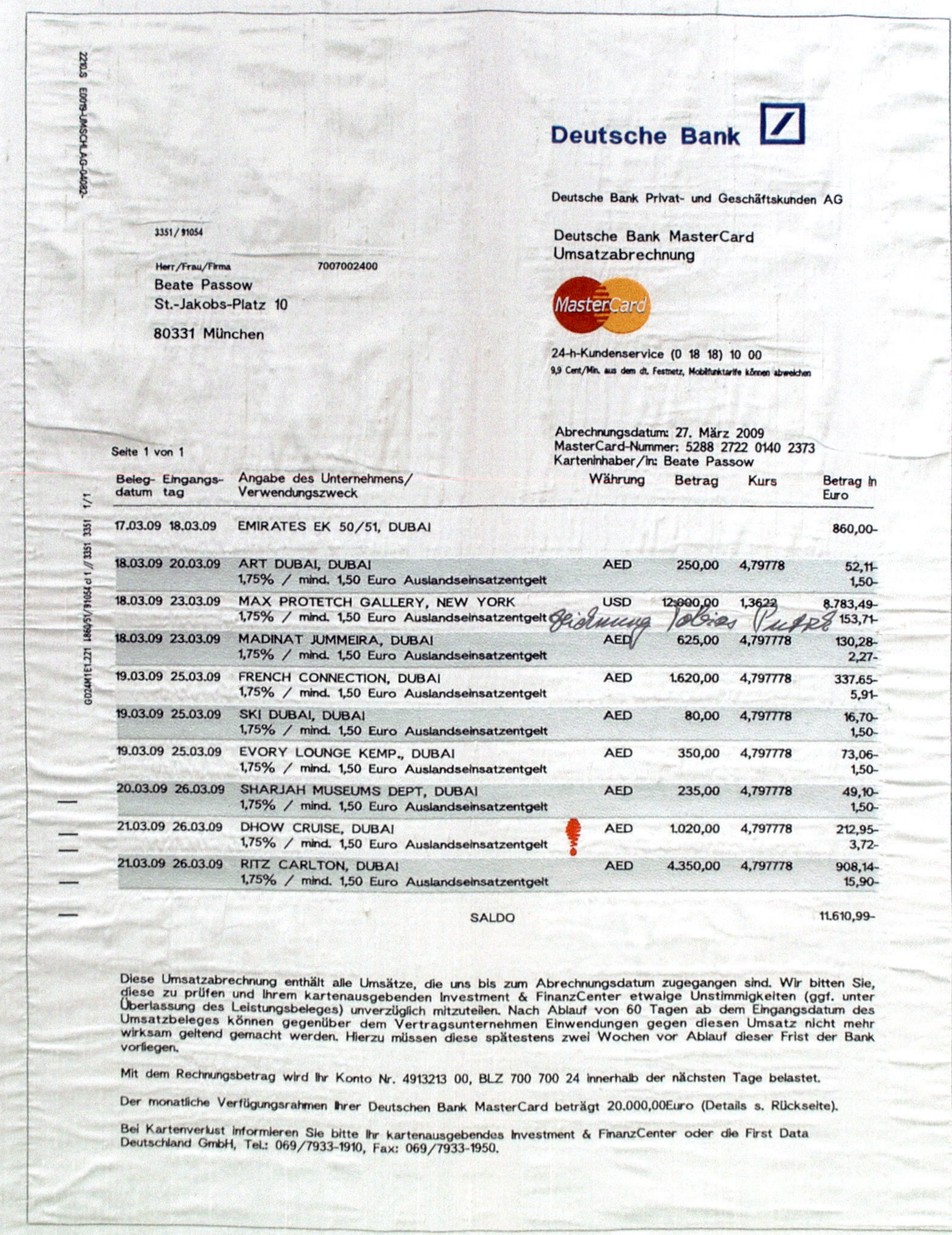

Beleg-datum	Eingangs-tag	Angabe des Unternehmens/ Verwendungszweck	Währung	Betrag	Kurs	Betrag in Euro
17.03.09	18.03.09	EMIRATES EK 50/51, DUBAI				860,00-
18.03.09	20.03.09	ART DUBAI, DUBAI	AED	250,00	4,79778	52,11-
		1,75% / mind. 1,50 Euro Auslandseinsatzentgelt				1,50-
18.03.09	23.03.09	MAX PROTETCH GALLERY, NEW YORK	USD	12.000,00	1,3622	8.783,49-
		1,75% / mind. 1,50 Euro Auslandseinsatzentgelt				153,71-
18.03.09	23.03.09	MADINAT JUMMEIRA, DUBAI	AED	625,00	4,797778	130,28-
		1,75% / mind. 1,50 Euro Auslandseinsatzentgelt				2,27-
19.03.09	25.03.09	FRENCH CONNECTION, DUBAI	AED	1.620,00	4,797778	337.65-
		1,75% / mind. 1,50 Euro Auslandseinsatzentgelt				5,91-
19.03.09	25.03.09	SKI DUBAI, DUBAI	AED	80,00	4,797778	16,70-
		1,75% / mind. 1,50 Euro Auslandseinsatzentgelt				1,50-
19.03.09	25.03.09	EVORY LOUNGE KEMP., DUBAI	AED	350,00	4,797778	73,06-
		1,75% / mind. 1,50 Euro Auslandseinsatzentgelt				1,50-
20.03.09	26.03.09	SHARJAH MUSEUMS DEPT, DUBAI	AED	235,00	4,797778	49,10-
		1,75% / mind. 1,50 Euro Auslandseinsatzentgelt				1,50-
21.03.09	26.03.09	DHOW CRUISE, DUBAI	AED	1.020,00	4,797778	212,95-
		1,75% / mind. 1,50 Euro Auslandseinsatzentgelt				3,72-
21.03.09	26.03.09	RITZ CARLTON, DUBAI	AED	4.350,00	4,797778	908,14-
		1,75% / mind. 1,50 Euro Auslandseinsatzentgelt				15,90-
		SALDO				11.610,99-

Art Dubai 2009, 2009, Stickerei auf Seide, 120 x 90 cm
Art Dubai 2009, 2009, Embroidery on silk, 120 x 90 cm

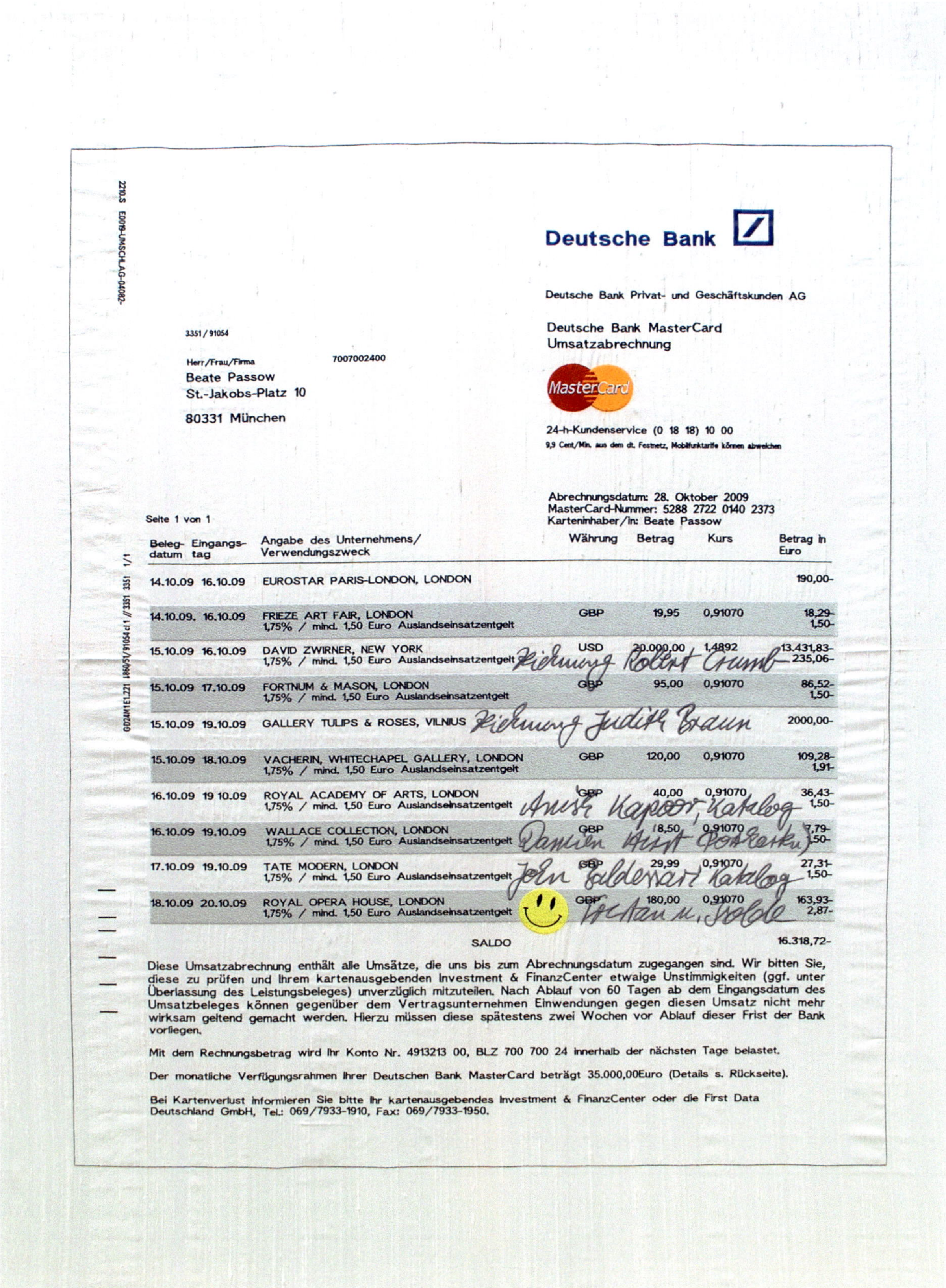

2270.S E0019-UMSCHLAG-04082-

Deutsche Bank

Deutsche Bank Privat- und Geschäftskunden AG

Deutsche Bank MasterCard
Umsatzabrechnung

3351 / 91054

Herr/Frau/Firma 7007002400
Beate Passow
St.-Jakobs-Platz 10
80331 München

24-h-Kundenservice (0 18 18) 10 00
9,9 Cent/Min. aus dem dt. Festnetz, Mobilfunktarife können abweichen

Abrechnungsdatum: 28. Oktober 2009
MasterCard-Nummer: 5288 2722 0140 2373
Karteninhaber/in: Beate Passow

Seite 1 von 1

Beleg-datum	Eingangs-tag	Angabe des Unternehmens/ Verwendungszweck	Währung	Betrag	Kurs	Betrag in Euro
14.10.09	16.10.09	EUROSTAR PARIS-LONDON, LONDON				190,00-
14.10.09.	16.10.09	FRIEZE ART FAIR, LONDON 1,75% / mind. 1,50 Euro Auslandseinsatzentgelt	GBP	19,95	0,91070	18,29- 1,50-
15.10.09	16.10.09	DAVID ZWIRNER, NEW YORK 1,75% / mind. 1,50 Euro Auslandseinsatzentgelt Zeichnung Robert Crumb	USD	20.000,00	1,4892	13.431,83- 235,06-
15.10.09	17.10.09	FORTNUM & MASON, LONDON 1,75% / mind. 1,50 Euro Auslandseinsatzentgelt	GBP	95,00	0,91070	86,52- 1,50-
15.10.09	19.10.09	GALLERY TULIPS & ROSES, VILNIUS Zeichnung Judith Braun				2000,00-
15.10.09	18.10.09	VACHERIN, WHITECHAPEL GALLERY, LONDON 1,75% / mind. 1,50 Euro Auslandseinsatzentgelt	GBP	120,00	0,91070	109,28- 1,91-
16.10.09	19 10.09	ROYAL ACADEMY OF ARTS, LONDON 1,75% / mind. 1,50 Euro Auslandseinsatzentgelt Anish Kapoor, Katalog	GBP	40,00	0,91070	36,43- 1,50-
16.10.09	19.10.09	WALLACE COLLECTION, LONDON 1,75% / mind. 1,50 Euro Auslandseinsatzentgelt Damien Hirst Postkarten	GBP	18,50	0,91070	7,79- 1,50-
17.10.09	19.10.09	TATE MODERN, LONDON 1,75% / mind. 1,50 Euro Auslandseinsatzentgelt John Baldessari Katalog	GBP	29,99	0,91070	27,31- 1,50-
18.10.09	20.10.09	ROYAL OPERA HOUSE, LONDON 1,75% / mind. 1,50 Euro Auslandseinsatzentgelt Tristan u. Isolde	GBP	180,00	0,91070	163,93- 2,87-
		SALDO				16.318,72-

Diese Umsatzabrechnung enthält alle Umsätze, die uns bis zum Abrechnungsdatum zugegangen sind. Wir bitten Sie, diese zu prüfen und Ihrem kartenausgebenden Investment & FinanzCenter etwaige Unstimmigkeiten (ggf. unter Überlassung des Leistungsbeleges) unverzüglich mitzuteilen. Nach Ablauf von 60 Tagen ab dem Eingangsdatum des Umsatzbeleges können gegenüber dem Vertragsunternehmen Einwendungen gegen diesen Umsatz nicht mehr wirksam geltend gemacht werden. Hierzu müssen diese spätestens zwei Wochen vor Ablauf dieser Frist der Bank vorliegen.

Mit dem Rechnungsbetrag wird Ihr Konto Nr. 4913213 00, BLZ 700 700 24 innerhalb der nächsten Tage belastet.

Der monatliche Verfügungsrahmen Ihrer Deutschen Bank MasterCard beträgt 35.000,00Euro (Details s. Rückseite).

Bei Kartenverlust informieren Sie bitte Ihr kartenausgebendes Investment & FinanzCenter oder die First Data Deutschland GmbH, Tel.: 069/7933-1910, Fax: 069/7933-1950.

Frieze Art Fair, London, 2009, *2009, Stickerei auf Seide, 120 x 90 cm*
Frieze Art Fair, London, 2009, *2009, Embroidery on silk, 120 x 90 cm*

Deutsche Bank ◪

Deutsche Bank Privat- und Geschäftskunden AG

Deutsche Bank MasterCard
Umsatzabrechnung

MasterCard

24-h-Kundenservice (0 18 18) 10 00
9,9 Cent/Min. aus dem dt. Festnetz, Mobilfunktarife können abweichen

3351 / 91054

Herr/Frau/Firma   7007002400
Beate Passow
St.-Jakobs-Platz 10

80331 München

Abrechnungsdatum: 20. Februar 2009
MasterCard-Nummer: 5288 2722 0140 2373
Karteninhaber/in: Beate Passow

Seite 1 von 1

Beleg-datum	Eingangs-tag	Angabe des Unternehmens/ Verwendungszweck	Währung	Betrag	Kurs	Betrag in Euro
12.02.09	13.02.09	LUFTHANSA LH4426, MADRID				446,00-
13.02.09	14.02.09	INSTITUCION FERIAL DE ARCO, MADRID				52,00-
13.02.09	14.02.09	GALERIE KARGL, WIEN *Zeichnung Raymond Pettibon*				15.000,00-
13.02.09	15.02.09	RESTAURANTE SULA, MADRID				180,00-
14.02.09	16.02.09	LA CENTRAL DE M.N.C.A.R., MADRID *Katalog Paul Thek*				54,00-
14.02.09	15.02.09	FUCK, MADRID				243,00-
14.02.09	15.02.09	LA FIESTA ESPANOLA DE ART.ES, MADRID				84,00-
15.02.09	17.02.09	FUND TEAT LIRICO TEAT, MADRID *Uraufführung Faust-bal*				110,00-
15.02.09	16.02.09	PASIONES ARGENTINAS, MADRID				127,00-
15.02.09	16.02.09	MUSEO NACIONAL DEL PRADO, MADRID *Francis Bacon*				9,50-
16.02.09	18.02.09	MUSEO DEL JAMON, MADRID				64,97-
16.02.09	17.02.09	HOTEL CATALONIA LAS CORTES, MADRID				764,00-
16.02.09	17.02.09	SERVICIO DE AUTO-TAXI, MADRID				80,00-
		SALDO				17.214,47-

Diese Umsatzabrechnung enthält alle Umsätze, die uns bis zum Abrechnungsdatum zugegangen sind. Wir bitten Sie, diese zu prüfen und Ihrem kartenausgebenden Investment & FinanzCenter etwaige Unstimmigkeiten (ggf. unter Überlassung des Leistungsbeleges) unverzüglich mitzuteilen. Nach Ablauf von 60 Tagen ab dem Eingangsdatum des Umsatzbeleges können gegenüber dem Vertragsunternehmen Einwendungen gegen diesen Umsatz nicht mehr wirksam geltend gemacht werden. Hierzu müssen diese spätestens zwei Wochen vor Ablauf dieser Frist der Bank vorliegen.

Mit dem Rechnungsbetrag wird Ihr Konto Nr. 4913213 00, BLZ 700 700 24 innerhalb der nächsten Tage belastet.

Der monatliche Verfügungsrahmen Ihrer Deutschen Bank MasterCard beträgt 20.000,00 Euro (Details s. Rückseite).

Bei Kartenverlust informieren Sie bitte Ihr kartenausgebendes Investment & FinanzCenter oder die First Data Deutschland GmbH, Tel.: 069/7933-1910, Fax: 069/7933-1950.

Arco Madrid, Spanien, 2009, 2009, Stickerei auf Seide, 120 x 90 cm
Arco Madrid, Spain, 2009, 2009, Embroidery on silk, 120 x 90 cm

Deutsche Bank ◪

Deutsche Bank Privat- und Geschäftskunden AG

Deutsche Bank MasterCard
Umsatzabrechnung

24-h-Kundenservice (0 18 18) 10 00
9,9 Cent/Min. aus dem dt. Festnetz, Mobilfunktarife können abweichen

3351 / 91054

Herr/Frau/Firma   7007002400
Beate Passow
St.-Jakobs-Platz 10

80331 München

Abrechnungsdatum: 28. Dezember 2009
MasterCard-Nummer: 5288 2722 0140 2373
Karteninhaber/in: Beate Passow

Seite 1 von 1

Beleg-datum	Eingangs-tag	Angabe des Unternehmens/ Verwendungszweck	Währung	Betrag	Kurs	Betrag in Euro
01.12.09	04.12.09	LUFTHANSA LH 460/ 461, MIAMI				858,00-
03.12.09	07.12.09	ART BASEL MIAMI BEACH VIP LOUNGE, MIAMI BEACH 1,75% / mind. 1,50 Euro Auslandseinsatzentgelt	USD	83,00	1,50920	54,99- 1,50-
03.12.09	08.12.09	GOODMAN GALLERY, JOHANNESBURG 1,75% / mind. 1,50 Euro Auslandseinsatzentgelt	USD	40.000,00	1,50920	26.504,11- 463,82-
04.12.09	06.12.09	VICTORIA'S SECRET, MIAMI BEACH 1,75% / mind. 1,50 Euro Auslandseinsatzentgelt	USD	416,25	1,50330	276,72- 4,84-
04.12.09	07.12.09	CIFO ART FOUNDATION, NORTH MIAMI 1,75% / mind. 1,50 Euro Auslandseinsatzentgelt	USD	20,00	1,50330	13,05- 1,50-
05.12.09	08.12.09	CHRISTIAN LOUBOUTIN, NORTH MIAMI 1,75% / mind. 1,50 Euro Auslandseinsatzentgelt	USD	800,00	1,50330	532,16- 9,31-
05.12.09	10.12.09	CHRISTOPHER HENRY GALLERY, NEW YORK 1,75% / mind. 1,50 Euro Auslandseinsatzentgelt	USD	2000,00	1,50330	1.330,41- 23,28-
06.12.09	08.12.09	SOUTH BEACH SURF SCHOOL, MIAMI BEACH 1,75% / mind. 1,50 Euro Auslandseinsatzentgelt	USD	120,00	1,47640	81,28- 1,50-
06.12.09	08.12.09	GALERIE RUPERT PFAB, DÜSSELDORF				2.700,00-
06.12.09	07.12.09	HANNA PSYCHIC LIFE COACH, MIAMI BEACH 1,75% / mind. 1,50 Euro Auslandseinsatzentgelt	USD	180,00	1,47640	54,19- 1,50-
		SALDO				32.912,16-

Diese Umsatzabrechnung enthält alle Umsätze, die uns bis zum Abrechnungsdatum zugegangen sind. Wir bitten Sie, diese zu prüfen und Ihrem kartenausgebenden Investment & FinanzCenter etwaige Unstimmigkeiten (ggf. unter Überlassung des Leistungsbeleges) unverzüglich mitzuteilen. Nach Ablauf von 60 Tagen ab dem Eingangsdatum des Umsatzbeleges können gegenüber dem Vertragsunternehmen Einwendungen gegen diesen Umsatz nicht mehr wirksam geltend gemacht werden. Hierzu müssen diese spätestens zwei Wochen vor Ablauf dieser Frist der Bank vorliegen.

Mit dem Rechnungsbetrag wird Ihr Konto Nr. 4913213 00, BLZ 700 700 24 innerhalb der nächsten Tage belastet.

Der monatliche Verfügungsrahmen Ihrer Deutschen Bank MasterCard beträgt 35.000,00 Euro (Details s. Rückseite).

Bei Kartenverlust informieren Sie bitte Ihr kartenausgebendes Investment & FinanzCenter oder die First Data Deutschland GmbH, Tel.: 069/7933-1910, Fax: 069/7933-1950.

Art Basel Miami Beach, USA 2009, 2009, Stickerei auf Seide, 120 x 90 cm
Art Basel Miami Beach, USA 2009, 2009, Embroidery on silk, 120 x 90 cm

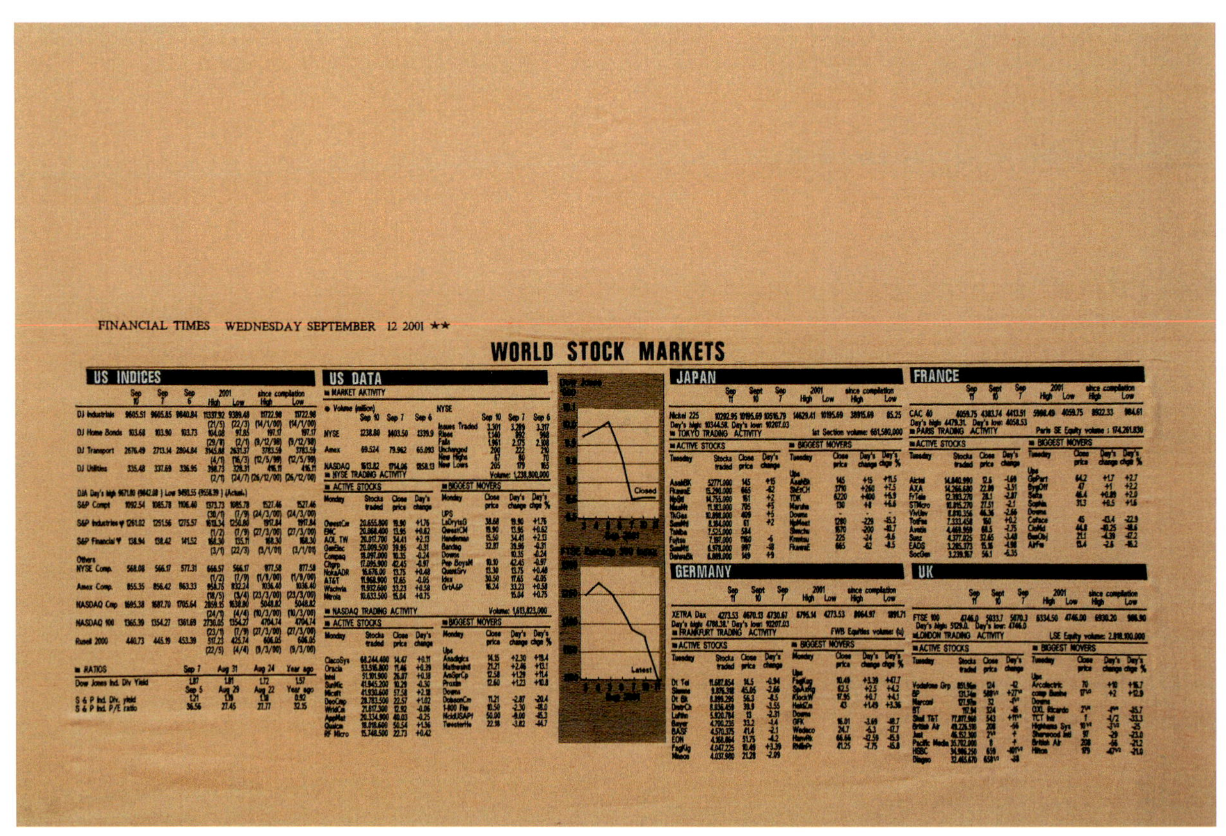

Financial Times (Aktienkurse vom 12. September 2001), 2006, *Stickerei auf Seide, 90 x 120 cm*
Financial Times (Stock Prices 12th September 2001), 2006, Embroidery on Silk, 90 x 120 cm

STICKBILDER
UND WEITERE
TEXTILE ARBEITEN

EMBROIDERED IMAGES
AND OTHER
TEXTILE ART WORKS

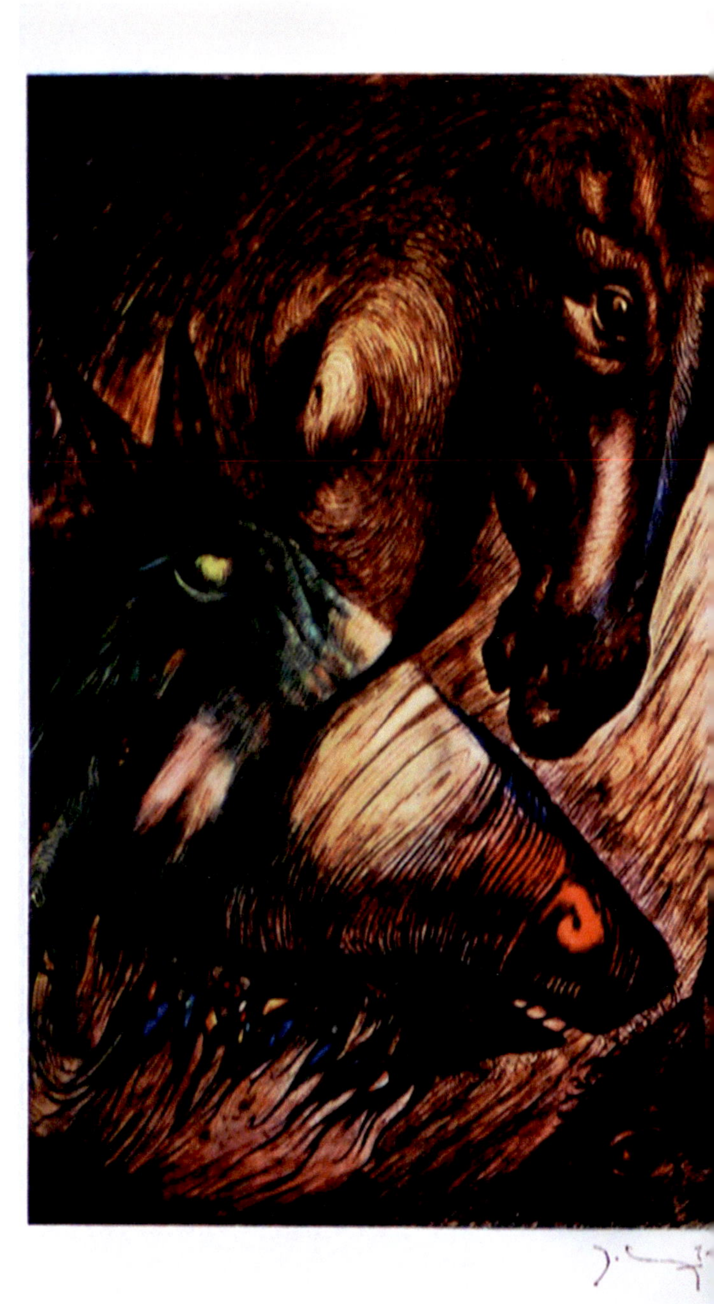

L'Apocalypse, Postkarte vom 25.11.1962, Ernst Jünger an Dr. Albert Hofmann, 2015
Foto und Stickerei auf Stoff, 74 x 140 cm
L'Apocalypse, Postcard 25th November 1962, Ernst Jünger to Dr Albert Hofmann, 2015
Photograph and embroidery on fabric, 74 x 140 cm

25.XI 62.

Lieber Herr Hofmann,

Ihr Bericht hat in mir grosse Sehnsucht nach Mexiko erweckt. Ich beneide Sie. Schon die Pferde sind nicht mehr unsatellisch aus. In diesen Tagen sende ich Ihnen einen Privatdruck. Hier besuchte mich die

Schweizer [...]

Herzlich Ihr [Signatur]

7941 Wilflingen

Herr Dr. A. Hofmann

Schweiz

Bottmingen

(Basel Ld.)

Oberwilerstr. 11

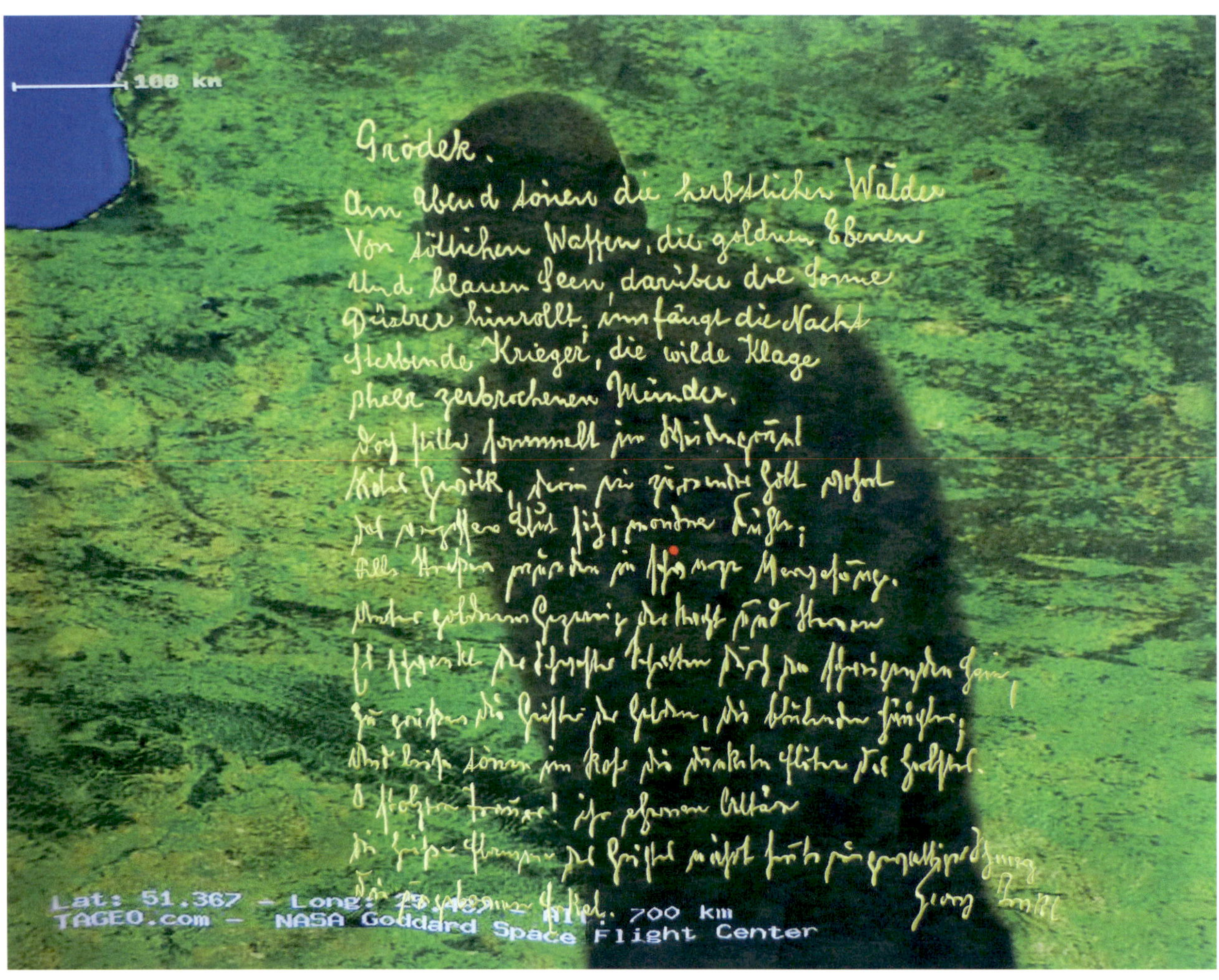

Georg Trakl GRODEK, 2014, Foto und Stickerei auf Stoff, 84 x 110 cm
Georg Trakl GRODEK, 2014, Photograph and embroidery on fabric, 84 x 110 cm

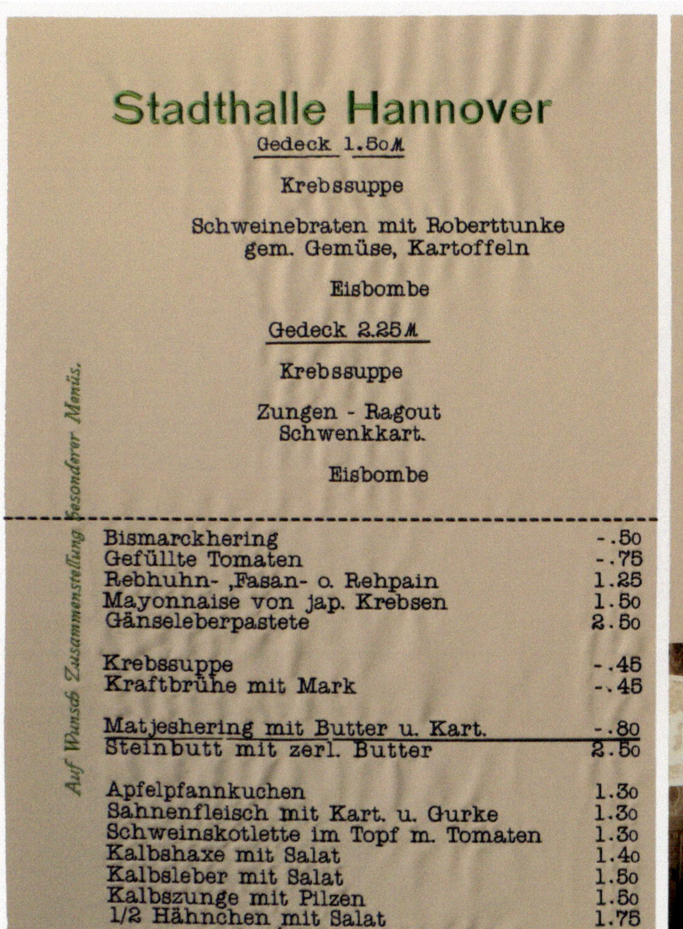

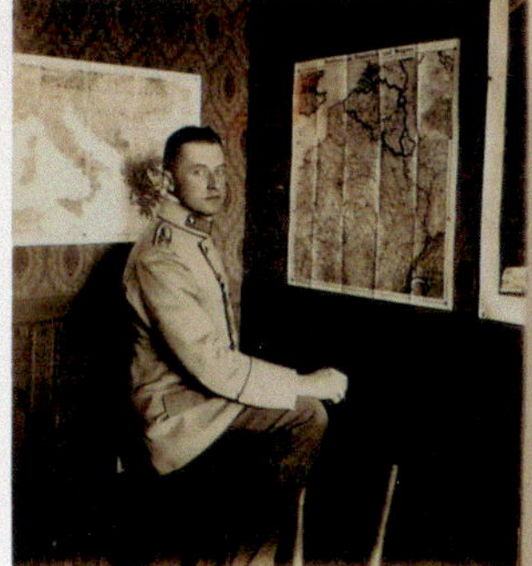

Das kleine Gedeck (Gottfried Benn Astern), 2014, Foto und Stickerei auf Stoff, 75 x 109 cm
Small table arrangement (Gottfried Benn Asters), 2014, Photograph and embroidery on fabric, 75 x 109 cm

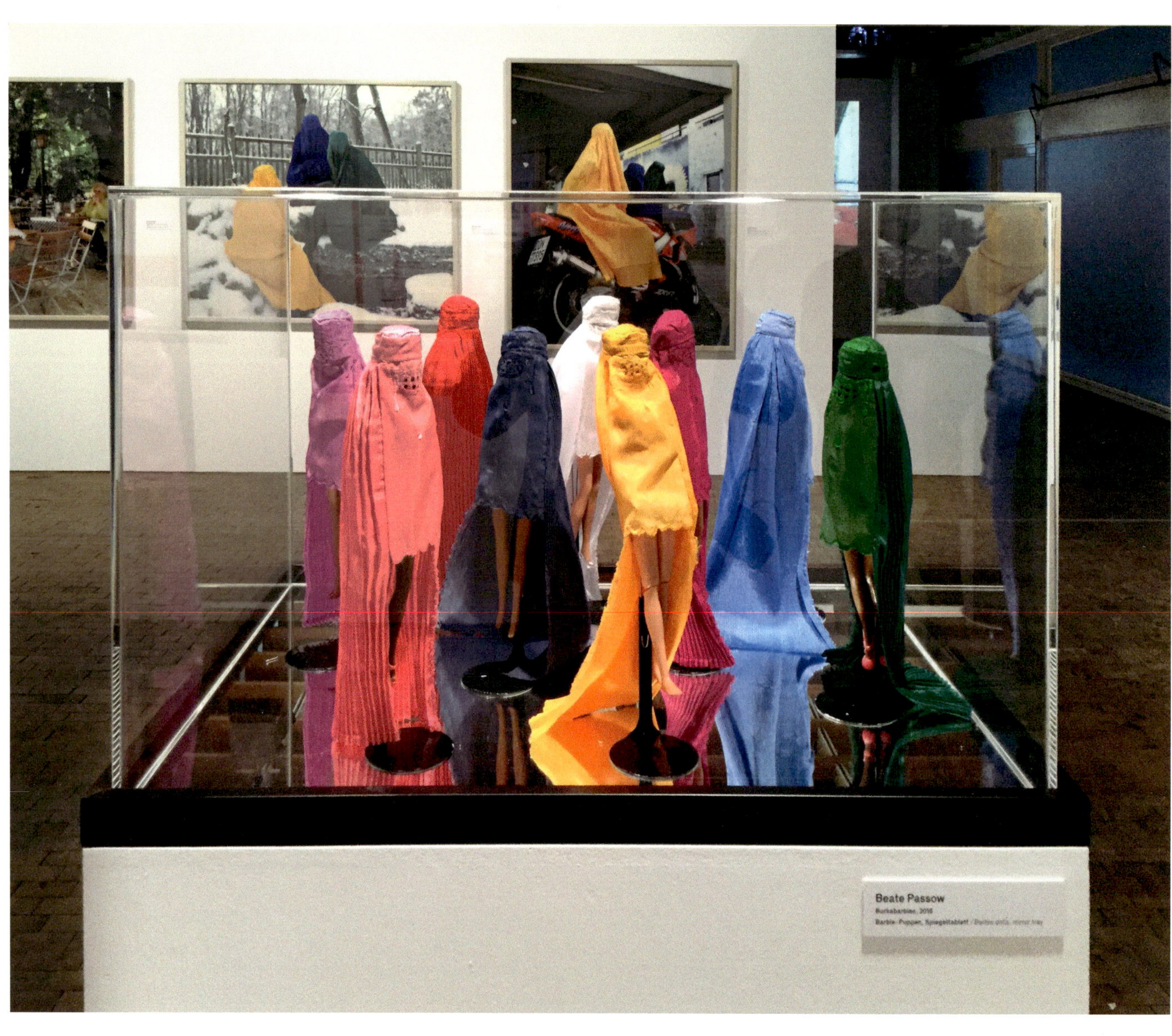

*Oben: **Burkabarbies,** 2017, Situationsfoto Akademie der Künste Berlin*
*Above: **Burka Barbie dolls,** 2017, Momentary Photograph, Academy of Fine Arts Berlin*

Rechts: Neun Barbie Puppen in Burkas auf einem Spiegel, 2017, Textil, Kunststoff, Spiegel
Right: Nine Barbie dolls in Burkas on a mirror, 2017, Textile, plastic, mirror

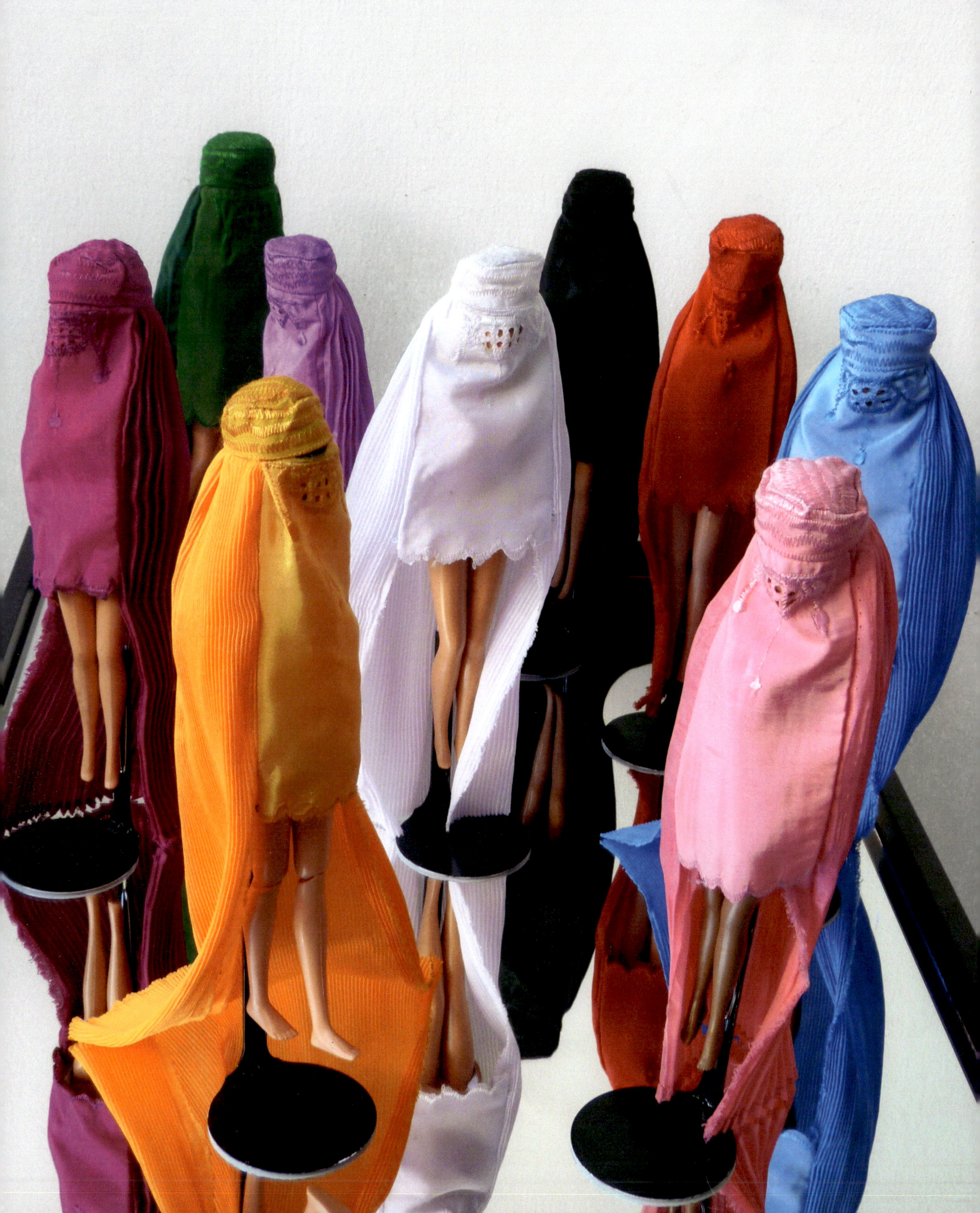

BEATE PASSOW

2017 Gabriele Münter Preis
2015 Residence Museumsquartier, Wien
2011 Residence Cité International des Arts, Paris
2002 Kunstpreis der Landeshauptstadt München
2000 Förderung der Kulturstiftung der Stadtsparkasse München
1999 Förderung des ifa (Institut für Auslandsbeziehungen), Stuttgart
1996 Stipendium der Ernst-Strassmann-Stiftung (Israel)
1996 Stipendium der Stadt Budapest
1994 Projektstipendium der Stiftung Kunstfond (Pakistan)
1994 Stipendium der Erwin und Gisela von Steiner-Stiftung
1993 Stipendium der Prinzregent-Luitpold-Stiftung
1992 Stipendium Cité International des Arts, Paris
1991 Arbeitsstipendium der Stiftung Kunstfond, Bonn
1988 Risch-Art-Preis, München
1988 Förderpreis der Landeshauptstadt München

1969–1975 Akademie der Bildenden Künste, München
1945 geboren in Stadtoldendorf

2017 Gabriele Münter Prize 2017
2015 Artist in Residence Museumsquartier, Vienna
2011 Artist in Residence of the Cité International des Arts, Paris
2002 Art Award of the City of Munich
2000 Funding by the Cultural Foundation of the Stadtsparkasse Munich
1999 Grant of ifa (Institut für Auslandsbeziehungen), Stuttgart
1996 Grant of the Ernst Strassmann Foundation for Israel
1996 Grant of the City of Budapest
1994 Project Grant of the Foundation for the Arts, Bonn 1994 Project Grant of the Foundation of Arts (Pakistan)
1994 Grant of the Erwin und Gisela von Steiner Foundation, Munich
1993 Grant of the Prince-Regent-Luitpold- Foundation
1992 Grant of the Cité International des Arts, Paris
1991 Grant of the Foundation for the Arts, Bonn
1988 RischArt Award, Munich
1988 Advancement Award of the City of Munich

1969–1975 Academy of Fine Arts, Munich
1945 born in Stadtoldendorf, Germany

Bibliographie / *bibliography* (Auswahl / *selection*):

7. Vergabe Gabriele Münter Preis 2017
Akademie der Künste Berlin, 15.03.-17.04.2017
Frauenmuseum Bonn, 7.05.-9.07.2017
Text : Ulrich Willmes, Hauptkurator Haus der Kunst
ISBN :978-3-946430-03-2

BEATE PASSOW
TABULAR AND TASTY
Galerie Carol Johnssen
Text : Wolfgang Ullrich
ISBN: 978-3-00-031955-6

Beate Passow
MILES AND MORE
Text : Hanne Weskott
Verlag für Moderne Kunst Nürnberg
ISBN 3-938821-59-0

Beate Passow www.beate-passow.de

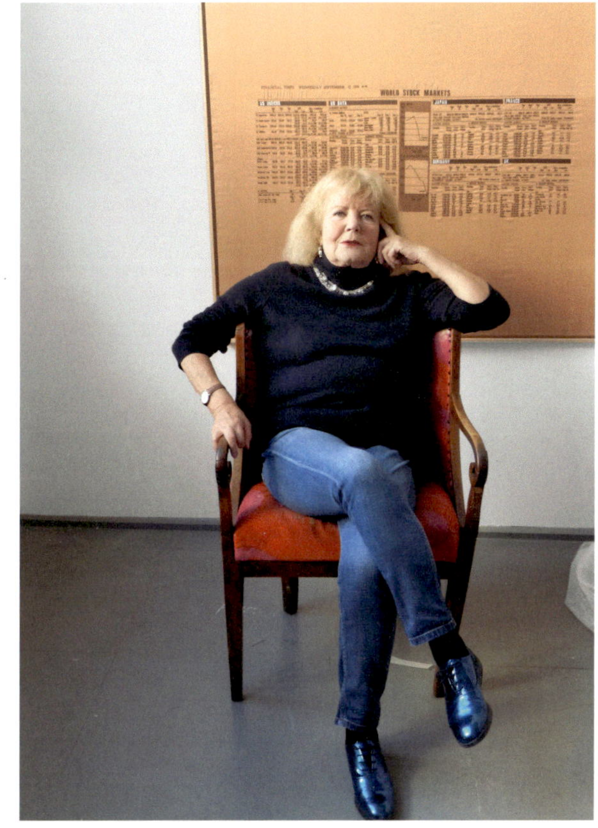

Dank

An dieser Stelle darf ich die Gelegenheit nutzen, mich zuallererst bei meinem Sohn Till, dann bei meiner Galeristin Carol Johnssen, schließlich bei Andrea Tschechow sowie Eric Mosel und nicht zuletzt bei Arthur Geh, der die Arbeiten MONKEY BUSINESS technisch umgesetzt hat, für all ihre vielfältige und großartige Unterstützung zu bedanken.

München im Herbst 2017, Beate Passow

Thanks

Let me take this opportunity to thank for all their manifold and ample support: first and foremost my son Till, then my gallery owner Carol Johnssen, eventually Andrea Tschechow and Eric Mosel and last, but not least Arthur Geh, who technically realized the series MONKEY BUSINESS.

Munich, Autumn 2017, Beate Passow

Dieser Katalog erscheint zur Ausstellung | *This catalogue has been published in conjunction with the exibition*

MONKEY BUSINESS – TEXTILE ARBEITEN VON BEATE PASSOW

12.12.2017–01.04.2018
im Staatlichen Textil- und Industriemuseum Augsburg (tim) /
held at the Staatliches Textil- und Industriemuseum Augsburg (tim)

Herausgegeben von / *edited by:* Karl Borromäus Murr
Erschienen im / *published by:*
Hirmer Verlag GmbH
Nymphenburger Straße 84
80636 München

Kurator der Ausstellung / *Curator:* Karl Borromäus Murr
Projektleitung / *Project Management:* Ernst Höntze
Öffentlichkeitsarbeit und Rahmenprogramm / *PR and events:* Robert Allmann, Lilian Diehl
Ausstellungsaufbau / *Mounting:* Ernst Höntze, Dimitri Reich, Arthur Geh, Silvia Zerle

Bildnachweis / *image credits:* Jürgen Branz, Beate Passow, Wilfried Petzi
Für alle Werke von / *for all works by* Beate Passow: © VG Bild-Kunst Bonn, 2017
Deutsches Lektorat und Korrektorat / *German copy editing and proof reading:* Ernst Höntze, Karl Borromäus Murr
Übersetzung / *translation*: Kerry Jago, Katja Cox, Karl Borromäus Murr
Englisches Lektorat und Korrektorat / *English copy editing and proof reading:* Katja Cox, Karl Borromäus Murr
Hirmer Projektmanagement / *Hirmer project management:* Rainer Arnold
Gestaltung und Satz / *layout and typesetting:* Waldmann & Weinold Kommunikationsdesign
Lithografie / *pre-press and repro:* Reproline Genceller, München
Druck und Bindung / *printing and binding:* medialis Offsetdruck GmbH
Papier / *paper:* Luxo Art Samt New 200g/m2
Printed in Germany

Bibliografische Information der Deutschen Nationalbibliothek
Die Deutsche Nationalbibliothek verzeichnet diese Publikation
in der Deutschen Nationalbibliografie; detaillierte bibliografische Daten
sind im Internet über http://www.dnb.de abrufbar.
Bibliographic information published by the Deutsche Nationalbibliothek
The Deutsche Nationalbibliothek lists this publication in the Deutsche Nationalbibliografie;
detailed bibliographic data is available on the Internet at http://www.dnb.de.

© 2017 Hirmer Verlag GmbH, München; Beate Passow; die Autoren / *the authors.*
ISBN 978-3-7774-3034-8

www.hirmerverlag.de
www.hirmerpublishers.com

Umschlag / Cover: *Monkey Business, 2017 (Detail)*

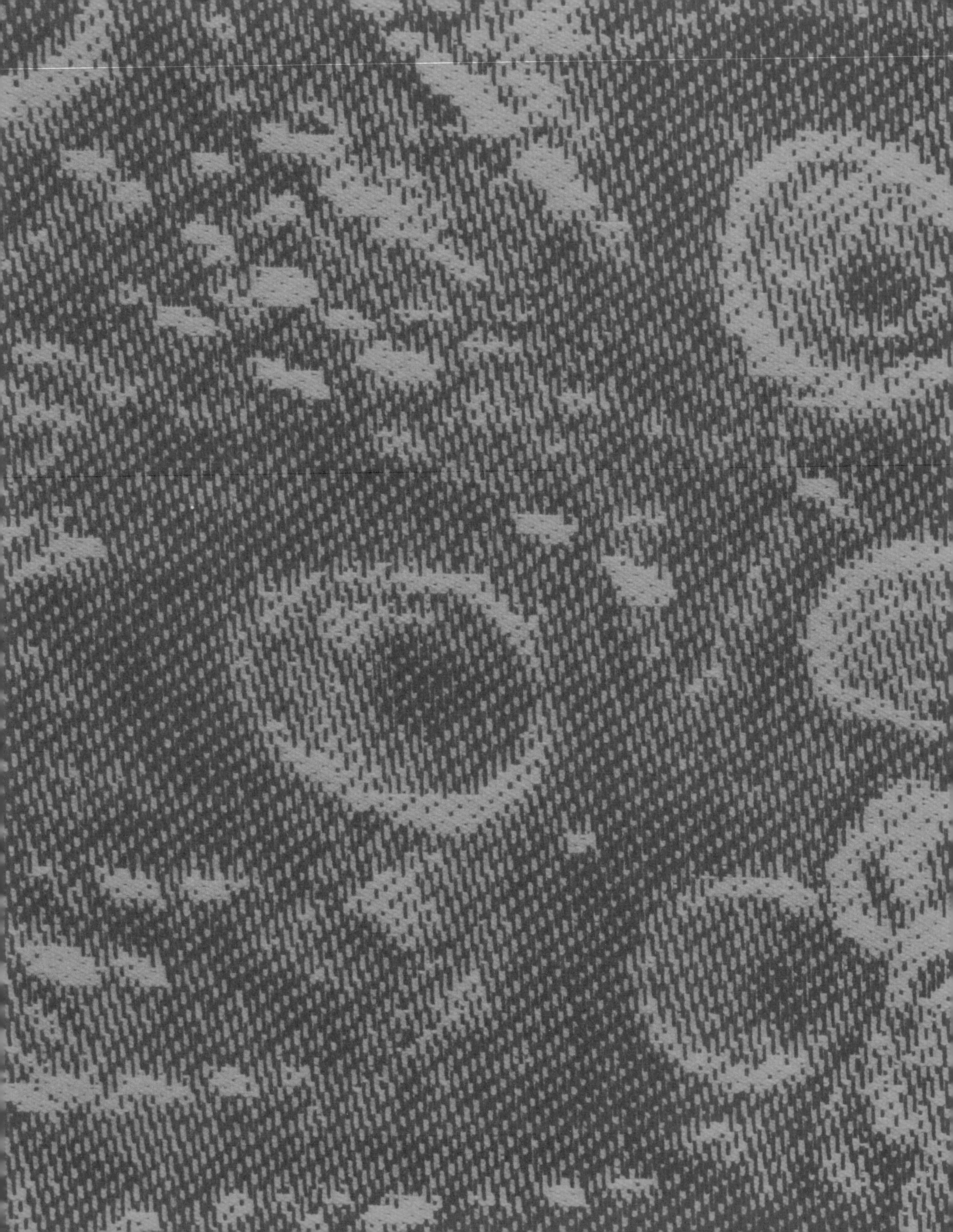